창업
1년만 제대로 미쳐라!

창업 1년만 제대로 미쳐라!

첫판 1쇄 펴낸날 2004년 11월 20일
지은이 하세가와 마사카즈 (長谷川 雅一)
옮긴이 이정환
발행인 문종현
펴낸곳 도서출판 달과소
　　　　　 출판 등록일 | 2004년 1월 13일 제2004-6호
　　　　　 주소 | 경기도 고양시 일산구 장항동 730-1
　　　　　 양우로데오시티 750 (우)411-380
　　　　　 전화 | 031-817-1342 팩시밀리 | 031-817-1343
　　　　　 홈페이지 | http://www.dalgaso.co.kr
인쇄처 신우문화인쇄
ISBN 89-91223-03-6 03320

■ 잘못된 책은 바꾸어 드립니다.
■ 책값은 뒤표지에 표시되어 있습니다.

창업
1년만 제대로
미쳐라!

리스크 없이 시작할 수 있는 무한한 창업 아이템

하세가와 마사카즈 지음 ● 이정환 옮김

달과소

이 책은, 당신이 작은 사업 -푸치 창업- 을 시작하여 한 달에 50만 원, 100만 원의 부수입을 올리기 위한 구체적인 노하우와 테크닉, 그리고 성공의 비결과 마음가짐에 대해 실질적으로 정리한 것이다.

지금은 누구에게나 힘든 시대다. 월급이 올라가지 않는 것은 이제 당연한 일이고, 임금 삭감도 일상다반사로 발생한다.

"이번에는 보너스도 받지 못했어."

이런 불만에 동정하는 사람은 없다. 일할 장소조차 없는 사람들이 넘치고 있기 때문이다.

한편, 지출은 늘어도 줄어드는 경우는 없다. 주택 융자, 자동차 할부…. 매달 확실하게 늘어간다.

아이가 있는 가정이라면 원래는 즐거워해야 할 아이의 성장이 부모의 고민거리가 된다. 아이가 자라는 것과 비례하여 학원 등의 교육비 부담에서 의상 구입비까지 씀씀이가 늘어나 가계를 압박하기 때문이다.

지출은 늘고 수입은 늘지 않는 상황. 이래서는 당연히 견디기 어렵다.

하지만 만약 당신의 수입이 한 달에 100만 원이 증가한다면, 아니 50만 원이 증가한다면 어떻게 될까?

당신은 즉시 행복을 느낄 것이다.

결국은 '돈'이다. 금전 부족이야말로 모든 불안, 불만의 근원이다. 그렇다면 문제는 간단하다. 자신의 능력으로 수입을 늘리면 되니까. 즉, 지금 다니는 회사는 그대로 다니면서 푸치 창업을 하면 된다.

본업에 지장을 주지 않는 범위 안에서, 아무도 모르게 푸치 창업을 한다. 내 손으로 직접 소규모 사업을 시작하는 것이다. 그리고 한 달에 50만 원이든 100만 원이든, 또는 200만 원이든 당신이 필요로 하는 금액을 착실하게 벌어들이면 된다.

모두들 불황이라고 말하지만 세상에는 사업 기회가 얼마든지 있다. 불황일 때야말로 창업을 할 수 있는 기회다.

"불황이기 때문에 어쩔 수 없어. 돈이 없는 게 당연하지."

이런 발상은 즉시 버려라.

이 책을 읽으면 당신이 본업 이외에 돈을 벌 수 있는 사업을 분명히 발견할 수 있을 것이라고 필자는 단언한다!

푸치 창업이라고 해서 우습게 생각하면 안 된다.

예를 들어, 장난삼아 시작한 소규모 사업이 히트를 쳐서 당신의 부수입이 본업에서 벌어들이는 수입을 웃돈다면 어떻게 될까.

"불황, 구조 조정 따위는 겁나지 않아!"

이렇게 큰소리를 칠 정도는 아니겠지만 적어도 불안감에서는 해방될 수 있다. 상사에게 야단을 맞더라도 너그럽게 웃어넘길 수 있는 여유도 생긴다. 설사 직장을 잃더라도 일단 현재의 생활을 유지할 수 있는 사업을 가지고 있으니까.

나는 지금 꿈 같은 이야기를 하고 있는 것이 아니다. 사실, 샐러리맨으로 일하면서 푸치 창업을 하여 여유 있는 인생을 즐기고 있는 사람들은 얼마든지 있다. 그들은 그런 사실을 결코 다른 사람에게 이야기하지 않는다. 그렇기 때문에 아무도 모르고 있을 뿐이다.

수입원은 많을수록 좋다. 회사에, 또는 본업에만 충실하고 있는 당신이 지금 견딜 수 없을 정도로 불안감을 느낀다면 그 이유는 수입원이 단 한 가지밖에 없기 때문이다. 부수입이 없다는 것은 자동차로 비유하면, 스페어타이어를 싣지 않고 달리는 것과 같은 상태다. 펑크라도 난다면 자동차는 더 이상 달릴 수 없으니까 불안해하는 것이 당연하다.

만약 당신이 몇 개의 수입원을 가질 수 있다면 어떻게 될까.

당신에게는 경제적, 정신적인 여유가 생긴다. 원하는 것을 손에 넣을 수 있고 여행도 할 수 있다. 당신의 가족은 모두 행복해지고 당신은 당연히 존경을 받는다.

하지만 당신의 현실적인 상황은 어떤가. 혹시 이런 상태는 아닌가.

"돈이 없어서 원하는 것을 살 수 없어. 여행도 갈 수 없어. 이번 달도 쥐 죽은 듯 집 안에서만 지내야 돼."

수입이 줄면 절약하는 수밖에 없다. 그것이 지금까지의 상식이었다. 그러나 절약을 해서 아낄 수 있는 돈은 한계가 있고, 모든 면에서 절약을 하며 살다 보면 스트레스만 쌓이게 된다. 이제 그렇게 참고 사는 인생에 마침표를 찍자. 경제적인 여유를 가지고 단 한 번뿐인 인생을 마음껏 즐겨보자.

그런 인생을 가능하게 만들어주는 것이 본업을 유지하면서 작은 사업을 이용하여 수입을 늘리는 푸치 창업이다.

이 책은 당신에게 회사, 또는 본업을 유지하면서 푸치 창업을 하여 수입을 늘릴 수 있는 '일곱 가지 발상법'을 알려준다. 이 책을 읽은 당신은 어떻게 해야 부수입을 올릴 수 있는지 그 방법을 깨닫고 눈앞이 훤해지는 느낌을 받을 것이다.

필자는 지금까지 한 번도 회사에 근무한 경험이 없다. 회사를 경영해 본 적은 있지만 취직을 해본 경험은 없다. 항상 내가 할 수 있는 일을 직접 만들면서 20년 남짓 자영업에 종사하며 살아왔다. 필자의 입장에서 볼 때, 자신이 할 일은 스스로 만드는 것이 당연하다고 생각한다. 새로운 일을 만드는 것은 쉽지 않지만 이것만큼 즐거운 것도 없다.

필자가 20여 년에 걸쳐 경험해 온 '창업'의 노하우를, 작은 비즈니스를 만들어내는 방법을 독자들에게 빠짐없이 가르쳐준다는 것이

이 책의 화려한 컨셉이다.

특히, 독자 여러분이 이 방법을 이용하여 부자가 되기를 바란다. 나는 그런 바람으로 이 책을 집필했다.

책 소개는 이 정도로 충분할 것이다.

이제, 어떻게 해야 당신에게 돈이 굴러 들어올지 그 방법에 대해 이야기해 보자.

이 책을 손에 넣은 당신의 미래를 위해 건배!

저자

목차

05   푸치 창업에서 성공을 거두는 포인트 _____ 98

09 가만히 앉아서도 돈을 벌 수 있는 구조를 만들어라! _____181

10 당신도 반드시 푸치 창업을 할 수 있다! _____195

01 푸치 창업?

푸치 창업이라면 충분히 할 수 있다. 자금이 전혀 들어가지 않는 푸치 창업에 위험은 존재하지 않는다. 푸치 창업은 위험이 없는 사업 형터인 것이다.

푸치 창업을 해보자!

나는 클래식기타 전문학교를 졸업한 이후 20여 년 동안 한 번도 취직을 해본 적이 없다. 지난 20여 년 동안, 항상 내가 할 일을 스스로 만들면서 살아왔다.

기타교실, 학원, 컴퓨터교실, 인쇄업, 컴퓨터상점 등 내가 손을 댔던 사업은 줄잡아 50여 종에 이른다.

지금은, 인터넷을 이용한 정보 발신이나 소프트웨어 개발, 판매 등의 사업을 하고 있다. 그리고 이렇게 글을 쓰는 것도 내가 하는 일 중의 하나다.

여러 종류의 일을 해보았다는 것은 그만큼 실패도 많이 경험했다는 뜻이다.

이렇게 말하면 꽤 힘들었을 것이라고 생각하겠지만 그렇지 않다.

나는 이렇게 말하고 싶다.

"천만의 말씀. 전혀 힘들지 않았습니다. 내가 할 일을 만든다는 것은 익숙해지면 간단합니다. 그리고 일을 만든다는 것은 정말 즐거운 경험입니다."

그리고 이렇게 덧붙이고 싶다.

"당신도 해보지 않겠습니까? 직접 자기가 할 일을 만들어보지 않겠습니까? 처음에는 부업으로 시작해도 됩니다. 작은 사업을 창업하는 것이지요. 그렇습니다. 그게 바로 푸치 창업입니다. 정말 재미있는 일입니다. 그리고 돈도 되거든요."

당신을 푸치 창업으로 유혹하기 위해.

그런데 당신의 입장에서 볼 때 일이란 무엇일까?

당신뿐 아니라 대부분의 사람들에게 일이란, 회사에서 주어지는 것, 맡겨지는 것이 아닐까.

그렇다면, 만약 당신이 지금 하고 있는 일을 잃는다면 당신은 어떻게 할까?

당연히 다른 직장을 찾아다니거나 구인 정보를 보고 다음 일을 모색할 것이다.

하지만 이제는 그런 '당연한 행동'이 통하지 않게 되었다.

버블경제 붕괴 이전이라면 일자리를 쉽게 구할 수 있었다. 따라서 일자리를 잃으면 다른 일을 찾으면 되었고, 열심히 뛰어다니면 반드시 다음 일을 찾을 수 있었다. 100퍼센트 만족할 수 있는 일은 아닐 수도 있지만 어쨌든 새로운 일은 찾을 수 있었다.

하지만 시대가 바뀌었다. 29세 이하의 실업자 수는 일본의 경우 무려 100만 명이 넘는다.

정식 직원이 아닌 이른바 인턴이나 아르바이트생도 젊은 사람들을 중심으로 2백만 명 이상이라고 한다. 우리는 일자리가 없는 세상에서 살고 있는 것이다.

"취직했다고? 대단한데. 정말 부럽다."

이제는 이런 말이 당연하게 받아들여지고 있다.

이런 만성적인 취업난 속에서 우리는 어떻게든 일반적인 생활을 유지해야 한다.

일은 주어지는 것이라는 기존의 발상, 이른바 수동적인 발상으로는 이 혹독한 세상을 살아가기 어렵다. 이제 그런 발상은 깨끗하게 잘라 버려야 한다.

그렇다면 필자는 일을 어떻게 생각할까?

나는 망설이지 않고 대답한다.

"일은 스스로 만들어내는 것이다."

만약 필자가 지금 하고 있는 일을 잃게 된다면?

역시 망설이지 않고 대답할 수 있다.

"그때는 다른 일을 나 스스로 만들면 된다."

나는 전혀 걱정하지 않고 언제든지 이렇게 말할 수 있다.

"자기가 할 일은 스스로 만들어내는 것이다. 지금 하고 있는 일을 잃게 된다면 그때는 새로운 일을 만들어내면 된다!"

푸치 창업을 통해서 위기를 벗어난 A씨

푸치 창업의 매력

"자기가 할 일을 직접 만들어라!"

"푸치 창업을 해서 수입을 늘려라!"

나는 이렇게 말했다. 그리고 이런 말도 했다.

"자기가 할 일을 직접 만드는 방법을 알게 되면 불황이나 구조조정 따위는 두려워할 필요가 없다!"

그러나 당신은 나의 주장에 반박할 수도 있다.

"무슨 말이야. 일을 만든다는 게 애들 장난인가. 만드는 것 자체도 어렵고 실패할 수도 있잖아. 나는 무리야."

당신의 이런 반박은 무시하고 일단 푸치 창업의 매력에 대해 설명해 보자.

물론, 당신의 불안은 나중에 틀림없이 해소시켜 드릴 테니까 부디 안심하시기를.

그런데 푸치 창업의 '푸치' 는 프랑스 어로 '작다' 는 뜻이다. 따라서 푸치 창업이란 '작은 자영업', 또는 '소규모 창업' 이라는 의미가 된다.

일단, 실질적인 예를 하나 들어보자.

샐러리맨인 A씨(41세)는 두 명의 자녀가 있다. 직장생활을 할 때는 월급이 350만 원이었다. 그러나 불황 때문에 회사의 실적이 저조해지면서 그의 월급은 280만 원 가까이 삭감되었다.

게다가 또 다른 재난이 그를 덮쳤다. 보너스가 완전히 삭감된 것이다. 기대하고 있던 보너스가, 그나마 의지의 대상이었던 보너스가 '제로'가 되어 버렸다.

그는 아파트에 살고 있다. 물론 융자를 받아서 구입했다. 다달이 지급해야 할 융자금은 약 90만 원. 보너스를 받을 때는 270만 원을 지급해야 한다. 월급 350만 원+보너스를 받았을 때는 아내가 파트타임으로 일하는 것으로 그럭저럭 충당할 수 있었다. 아니, 약간의 여유도 있었다.

이 시간을 활용해서 부수입을
올릴 수는 없을까?

잔업이 없어져서
남는 시간

하지만 연봉이 20% 정도 줄어든 지금, 융자금을 지급하는 것이 버거워졌다. 이대로 가면 집을 팔아야 할지도 모른다. 그는 고민에 빠졌다.

그러던 어느 날. 문득 그의 머릿속에 아이디어가 번뜩였다.

가만히 생각해 보니 수입이 줄어든 만큼 늘어난 것도 있었다. '시간'이다. 잔업이 줄어든 만큼 그는 쉴 수 있는 시간을 얻은 것이다. 그의 머릿속에 떠오른 아이디어는 이런 것이었다.

"이 시간을 활용해서 부수입을 올릴 수는 없을까?"

다음 순간, 또 다른 아이디어가 떠올랐다.

"그래, 그거야!"

그는 특기인 컴퓨터를 활용하여 홈페이지 작성과 운영을 대행하는 일을 생각해 냈다. 그리고 즉시 실행에 옮겼다. 그야말로 푸치 창업을 한 것이다.

회사원인 그가 드러내놓고 아르바이트를 하는 것은 쉽지 않은 일이다. 그렇기 때문에 이 일은 아내가 담당하기로 했다.

이 일은 시류를 타고 순조롭게 진행되어 매달 50만 원 정도의 수입을 올릴 수 있었다. 시간이 흐르면서 100만 원 정도의 수입을 올리는 경우도 있었다. 그러던 중, 200만 원을 벌수도 있다는 가능성이 보이기 시작했다.

그는 융자금을 지급할 수 있게 되었을 뿐 아니라, 자신의 용돈도 벌 수 있게 되었다. 정말 축하할 일이다.

A씨의 이야기는 여기에서 끝이다.

하지만 이것으로 책을 덮어서는 안 된다. 다음에는 당신이 자신의 성공담을 만들어야 할 차례니까.

자, 계속 진행해 보자.

일단, 여기에서 비밀 이야기를 하나.

A씨는 어떤 이유에서 홈페이지를 작성하고 대행하는 비즈니스를 생각해 냈을까?

그는 회사에서 똑같은 일을 하고 있었다. 일을 할 때마다 자신이 직접 운영해도 돈이 될 수 있다고 생각하고 있던 그는 그 생각을 실행에 옮긴 것이다.

 ## 푸치 창업의 다섯 가지 매력

푸치 창업을 권한다

그렇다면 A씨가 푸치 창업을 하게 된 사례를 살펴보면서 그 다섯 가지 매력에 대해 이야기해 보자.

우선, 푸치 창업의 매력과 그 가능성을 이해해야 한다.

이 매력이야말로 내가 당신에게 푸치 창업을 권하고 싶은 이유가 된다.

앞에서 소개한 A씨는 홈페이지를 만들고 대행하는 일을 시작하면서 투자를 전혀 하지 않았다.

이미 소유하고 있는 컴퓨터를 사용하여 홈페이지를 만들거나 인터넷상에서의 전자메일 신문인 메일매거진을 쓰거나 전단을 만들어 근처 회사에 배달하는 일을 했을 뿐이다. 요컨대, 돈을 들이지 않고 일을 시작했다.

자금이 전혀 없는 상태에서 일을 시작하여 수입을 올릴 수 있는 것이 푸치 창업의 매력이다.

반대로, 푸치 창업에서는 창업을 할 때 절대로 돈을 들여서는 안 된다. 빚을 내어 일을 시작한다는 것은 있을 수 없는 일이며 절대로 하지 말아야 한다. 그 이유는, 실패를 하게 될 경우 파멸을 맞이하기 때문이다.

서점에 진열되어 있는 '창업'과 관련된 책을 훑어보면, 빚을 내서라도 일단 창업을 하라는 내용을 흔히 볼 수 있다. 나는 이런 책을 볼 때마다 말도 안 되는 소리라는 반발을 느낀다.

"창업을 하고 싶으면 일단 빚을 내서라도 회사를 만들어라!"

말도 안 되는 소리다. 회사는 일이 궤도에 올라, 수입이 너구 많아서 세금을 감당할 수 없는 상태가 된 이후에 만들어도 늦지 않다.

친척들이나 친구들을 찾아다니며 돈을 그러모아 회사를 만든다는 것은 난센스다. 그렇게 했다가 실패를 하게 되면 파멸이기 때문이다. 일단은 자금이 전혀 들어가지 않는 상태에서 작은 일을 시작하도록 하자.

푸치 창업이라면 충분히 할 수 있다. 자금이 전혀 들어가지 않는 푸치 창업에 위험은 존재하지 않는다. 푸치 창업은 위험이 없는 사업 형태인 것이다.

푸치 창업의 매력 ❷

푸치 창업은 시간이 없어도 할 수 있다.
푸치 창업이라면 현실 상황에 맞추어 무리하지 않고 시작할 수 있다.

A씨는 '홈페이지 작성과 운영 대행' 이라는 일을 시작할 때, 자신의 '여가'를 활용했다. 하루에 두세 시간 정도를 할애하는 것으로 충분히 수입을 올릴 수 있었다.

일이 없다고 해서 집에서 빈둥거리고 있어 보아야 가족들에게 불편만 끼친다. 따라서 시간이 남을 때는 적극적으로 그 시간을 돈으로 바꿀 수 있는 방법을 생각해야 한다.

푸치 창업은 그것을 가능하게 해준다. 푸치 창업의 스타일이라면 자신의 여가 시간을 활용해서 체력과 기력을 포함하여 무리 없이 일을 할 수 있고 수입을 늘릴 수 있다.

또, 푸치 창업은 시간이 없어도 할 수 있다.

당신이 돈도 없고 시간도 없는, 하루에 두세 시간을 할애할 여유도 없는 상황에 놓여 있다고 해도 연구하기에 따라 충분히 가능한 것이 푸치 창업의 매력이다.

예를 들어, 인터넷상에 홈페이지를 만들어 '통신판매'를 시작하는 형식으로 푸치 창업을 할 경우, 휴일을 이용하여 일단 홈페이지를 만들기만 하면 나머지는 컴퓨터가 당신을 대신해서 마치 로봇처럼 일을 해준다. 당신이 만든 통신판매 홈페이지는 당신이 잠을 자고 있는 동안에도 상품을 설명해 주고 판매해 주는 것이다.

홈페이지를 간단히 작성할 수 있는 전용 소프트웨어도 다양한 종류가 팔리고 있다.

이런 테크놀로지를 활용하는 것으로 푸치 창업도 예상 밖의 수익을 올릴 수 있다.

또, 인터넷 통신판매뿐 아니라 어떤 비즈니스를 만들어 그것을 자동화, 또는 반자동화하는 것으로 시간을 들이지 않고 수입을 올리는 방법도 있다.

시간이 없다고 해서 희망을 버려서는 안 된다.

구체적인 방법에 대해서는 뒤에서 설명하기로 하자.

> **푸치 창업의 매력 ❸**
>
> 푸치 창업은 뜻밖으로 수익이 많은 편이다.
> 잘하면 한 달에 500만 원도 벌 수 있다.

앞에서 소개한 A씨가 푸치 창업을 통해서 거두어들이는 욀수는 100만 원 정도 수준이다.

컴퓨터를 비롯한 정보기기가 발달하여 개인도 연구하기에 따라 규모가 큰 일을 할 수 있게 되었다. 시류를 타고 있는 비즈니스에 손을 대서 그것이 히트를 치면 놀라울 정도의 수입을 올릴 수 있는 것이 자영업 세계의 재미다.

비록 푸치 창업이라고 해도 어떻게 운영하고 연구하느냐에 따라 큰 수익을 올릴 수 있다.

예를 들어, 한 달에 500만 원의 수입을 올린다고 하면 꿈 같은 금액이라고 생각할지 모르지만 자영업을 하는 사람의 입장에서 보면 결코 큰 금액이 아니다. 충분히 실현이 가능한 금액이다. 월수 500만 원이 크게 느껴지는 것은 다른 사람 밑에서 일을 하고 있기 때문에, 또는 다른 사람이 운영하는 비즈니스의 부속품으로서 일하고 있기 때문이다.

푸치 창업의 매력 ❹

푸치 창업이라면 아무도 모르게 시작해서 수입을 올릴 수 있다.

A씨는 푸치 창업을 할 때, 자신을 내세우지 않고 아내를 내세웠다. 업종에 따라 달라질 수 있지만 푸치 창업 스타일이라면 아무에게도 들키지 않고 몰래 창업할 수 있다. 마치 비즈니스업계의 '복면 레슬러' 처럼 정체를 드러내지 않은 채 활약할 수 있는 것이다.

당신은 정체를 숨긴 채 돈을 벌 수 있고, 장래에는 그 복면을 벗고 당당하게 비즈니스 세계에 데뷔할 수도 있다.

또, 최근 들어 불황의 영향으로 사원들의 부업을 용인해 주는 기업이 증가하기 시작, 회사에 의논하면 적극적으로 부업을 밀어주는 경우도 있다. 그러니까 우선, 근무처의 규칙부터 확인하자.

푸치 창업의 매력 ❺

푸치 창업을 하면 즐거운 마음으로 일할 수 있고, 보람을 느낄 수 있으며 장래의 독립을 위한 준비도 할 수 있다.

푸치 창업으로 성공을 거둔 A씨는 어느 날, 여느 때와 마찬가지로 회사로 출근하면서 문득 이런 생각을 했다.

"어라? 내가 요즘 왜 이렇게 사는 게 즐겁지? 이유는 모르겠지만 왠지 행복해진 것 같아…."

회사 업무가 끝난 뒤에도 홈페이지를 작성해야 할 일이 있기 때문에 시간적으로 여유가 없고 바쁘게 살아야 한다. 하지만 몸속에서 의욕과 에너지가 끓어오르는 감각이 느껴진다.

그것은 '일하는 즐거움'이었다.

사실, A씨는 어제 홈페이지를 작성해 준 사장으로부터 이런 말을 들었다.

"정말 고맙습니다. 선생님이 만들어준 홈페이지 덕분에 마상이 확실하게 증가했습니다. 저도 깜짝 놀랐습니다. 선생님이 만들어준 홈페이지가 센스가 있다면서 칭찬해 주는 고객이 많습니다. 앞으로도 잘 부탁드립니다."

회사에서 업무를 처리할 때는 이런 경험이 없었다. 늘 주어진 일을, 상사의 눈치를 살피면서 의무적으로 처리할 뿐 일하는 즐거움은 느낄 여유가 없었다.

본래, '일'이라는 것은 재미있고 즐거운 것이다. 자신의 능력과 시간을 활용하여 고객의 행복을 위해 제공하고 고객에게 기쁨을 주는 것으로 수입을 올리는 것이기 때문이다.

"일이 재미가 없어. 흥이 나지 않아."

이렇게 말하는 사람은 무엇인가 잘못 돌아가고 있는 것이다.

A씨는 최근, 홈페이지 디자인 부문에서 장래에 독립하고 싶다는 생각을 하게 되었다. 그렇게 하려면 더 열심히 공부해서 실력을 쌓아야 한다는 생각에 의욕이 충만해 있다.

푸치 창업 스타일이라면 마음대로 일을 발전시킬 수 있다. 지금 A씨는 거래처 사장으로부터 개인적으로 컴퓨터를 가르쳐달라는 부탁을 받고 있는데, 이것도 새로운 수입원으로 만들 생각이다.

푸치 창업을 하면 즐겁고 자유롭게 일할 수 있고, 삶의 보람도 느낄 수 있다. 또, 새로운 일에 대한 경험은 장래의 독립을 위한 준비도 된다.

푸치 창업은 누구나 할 수 있다!

이렇게까지 설명해도 반발하는 사람이 있을 것이다.

"푸치 창업의 매력은 이해할 수 있어. 하지만 역시 나는 안돼. A 씨는 좋겠어. 컴퓨터를 사용할 수 있으니까 성공한 것이잖아. 하지만 나는 컴퓨터를 사용할 줄 몰라. 따라서 홈페이지는 만들 수도 없어. 그런 종류의 일을 알선해 준다는 업자에게 사기를 당한 친구도 있고. 역시 불안해."

이런 반발이다.

하지만 이번에도 역시 당신의 이런 반발을 무시하고 계속 푸치 창업에 관한 이야기를 진행해 보기로 하자.

우선, 푸치 창업을 위한 '업종'이 문제인데 이것은 헤아릴 수 없을 정도로 많이 있다. 그러니까 컴퓨터를 사용할 줄 몰라도 상관이 없다. 당신은 당신이 자신 있는 분야에서 푸치 창업을 하면 된다.

푸치 창업에는 일곱 가지의 발상법이 있는데, 당신이 직접 일을 만들기 위한 '일곱 가지 도구' 같은 것이다.

이 책을 읽는 동안에 당신은 그 '일곱 가지 도구'를 손에 넣을 수 있다. 이 도구들을 사용하는 것으로 당신은 자신에게 딱 맞는 일을 끝없이 만들어낼 수 있다.

또, 사기를 당했다는 말은 충분히 이해할 수 있다. 당신 친구는 이른바 악덕 상법에 당한 것이다. 창업에는 항상 사기나 악덕 상법이 따르게 마련이다. 창업을 꿈꾸는 사람을 함정에 빠뜨리는 악질적인 업자는 얼마든지 있다.

사실, 나 자신도 비즈니스를 시작한 지 얼마 지나지 않았을 때는 이런 악덕 상법에 걸려든 적이 있다. 지금도 생각하는 것만으로 화가 치밀어 오른다. 하지만 이제는 더 이상 그런 속임수에 걸려들지 않는다. 그들의 수법을 훤히 알고 있기 때문이다.

'악덕 상법'에는 여러 가지 패턴이 있는데, 이 책에서는 이런 '악덕 상법'의 사기 패턴과 그 마수로부터 돈을 지키기 위한 포인트를 해설하기로 한다. 그러니까 안심하고 계속 읽어주기 바란다.

이상, 이 책의 내용 설명은 대강 끝났다. 이 책의 목적은 전향적이고 구체적으로 돈을 벌 수 있는 방법을 생각하고 실제로 수입을 올리는 것이다. 이제 그 구체적인 이야기를 진행해 보자.

'일곱 가지 도구'를 이용해서 자기가 할 일을 만들어라!

Q 푸치 창업을 하라고 해도 자신이 없습니다. 일단, 아르바이트
부터 시작하려고 하는데 어떨까요?

A 푸치 창업과 아르바이트는 비슷하기는 하지만 내용은 전혀 다
릅니다. 아르바이트는 의존하는 것이고 푸치 창업은 독립하는
것입니다.

아르바이트는 누군가가 시작한 사업을 추진하기 위한 부속품의 형태로 당
신이 그 비즈니스를 운영하는 경영자에게 노동력을 제공하는 행위입니다.

예를 들어, 경영자가 당신에게 2천 원의 시간 수당을 지급하는 경우, 경
영자는 그 사업을 통해서 한 시간에 만 원의 수입을 올릴 수도 있습니다.
아르바이트 직원에게 한 시간에 2천 원의 시간 수당을 지급하고 나머지 8
천 원은 경영자가 자기 주머니에 넣는 것이지요. 땀 한 방울 흘리지 않고
말입니다.

푸치 창업에서는 사업의 주역이 당신입니다. 푸치 창업으로 한 시간게 만
원을 벌 수 있다면 그 수입은 모두 당신 것입니다. 그렇다면 어느 쪽이 유
리한지 굳이 설명할 필요가 없지 않겠습니까.

아르바이트는 가벼운 마음으로 할 수 있습니다. 시키는 대로 일을 하면
일정한 수입이 약속되지요. 하지만 대부분의 경우, 아르바이트의 임금은
최저 수준이며 언제 어느 때든 경영자가 그만두라고 하면 즉시 수입이 끊
어집니다.

푸치 창업은 직접 사업을 추진하는 것이기 때문에 창업할 당시에는 힘이
들 수도 있지만 일단 궤도에 오르면 아르바이트와는 비교도 할 수 없을 정
도로 효율성 있게 돈을 벌 수 있습니다.

푸치 창업은 단순히 부수입을 올리는 것이 아니라 당신 자신이 돈을 만들
어내는 구조 –비즈니스– 를 창출한다는 발상입니다. 아르바이트로 부수입

을 올리는 것과 직접 만든 사업으로 부수입을 올리는 것은 차원이 전혀 다릅니다.

푸치 창업을 지향하는 당신은 아르바이트로 남에게 고용되는 것이 아니라 반대로, 당신이 아르바이트를 고용하여 더 많은 수입을 올릴 수 있다는 사실을 잊지 말아야 합니다.

부디, 발상을 전환하여 푸치 창업에 도전해 보십시오.

02 푸치 창업을 향한 접근

한 달에 '50만 원'이라거나 혹은 '100만 원'이라는 식으로 가능하면 명확하게, 당신이 벌고 싶은 금액을 이미지로 만들어라.

푸치 창업을 위한 세 가지 준비

그런데 푸치 창업을 해서 수입을 올리려면 당연히 준비가 필요하다. 갑자기 시작한다는 것은 무리가 따른다. 우선 준비부터 시작하자.

하지만 준비에 많은 시간이 걸리는 것은 아니다. 또, 거창한 준비도 필요하지 않다. 그렇다면 어떤 준비가 필요할까?

다음의 세 가지로 요약할 수 있다.

1. 심리적 준비 ⇨ 자기가 성공하는 모습을 이미지로 만든다.
2. 기능적 준비 ⇨ 자기가 가지고 있는, 돈이 될 수 있는 기능을 발견하고 계획적으로 개발한다.
3. 금전적 준비 ⇨ 만약 가능하다면 약간만 여유 자금을 준비한다.

이제 각각의 준비에 대해 차례대로 설명해 보자.

🏃 심리적 준비

가장 먼저 필요한 것은 심리적 준비다. 구체적으로는 '하자!', '할 수 있다!'는 식으로 자신의 가능성을 믿는 것이다. 여기에서부터 모든 일이 시작된다.

또, 앞으로 푸치 창업을 할 때 당신은 자신이 성공한 이미지를 명확하게 가져야 할 필요가 있는데 이른바, '이미지 트레이닝' 같은 준비가 필요하다.

"당신은 어느 정도의 수입을 올리고 싶은가?"

갑자기 이렇게 물어보면 이미지가 명확하게 떠오르지 않을 것이다. 따라서 '한 달에 50만 원'이라거나 '한 달에 100만 원'이라는 식으로 가능하면 명확하게, 당신이 벌고 싶은 금액을 이미지로 만들어야 한다.

그리고 그 금액을 벌어서 미소를 짓고 있는 당신 자신의 모습을 머릿속의 스크린에 분명하게 그려둔다.

이미지의 힘은 상당하다. 당신이 이미지를 그린 순간, 당신의 머리는 그 이미지를 실현하기 위해 자동으로 움직이기 시작한다.

갑작스럽게, '월수 300만 원!'이라는 목표를 세워도 상관없다. 실제로 한 달에 300만 원이라는 목표를 세우면 그것이 이루어질 가능성이 높기 때문에 금액은 높을수록 이득이다.

또, 금액과 관련된 이미지뿐 아니라 당신이 꿈꾸고 있는 '이상적인 생활'을 이미지로 그리는 것도 좋은 방법이다.

예를 들어, 나는 사업이 제대로 풀리지 않을 때 이런 이미지를 그린다.

"가까운 장래에 반드시 사업을 성공시켜서 가족들과 함께 하와이로 여행갈 거야."

그리고 이 이미지를 심리적인 지주로 삼아 최선을 다해 노력한다.

"가족과 함께 석양에 물든 와이키키 해변을 산책해야지. 그리고 해가 지는 모습을 바라보는 거야."

이런 식으로, 그때의 상황을 분명하게 그려두고 그것을 격려로 삼아 열심히 일했다.

일이 전혀 풀리지 않아 우울증 상태에 빠진 적도 있지만, 그럴 때도 역시 '성공의 이미지'가 나를 지탱해 주었다. 그리고 마침내 그 꿈은 이루어졌다.

지금, 우리 집 거실에는 와이키키 해변에서 다이아몬드헤드를 배경으로 찍은 사진이 걸려 있다.

내 꿈은 어떻게 이루어진 것일까?

그것은 역시 이미지의 힘이라고 생각한다. 선명하게 그린 이미지는 마침내 현실로 나타나는 것이다.

당신도 나처럼, 이루고 싶은 꿈을 영화처럼 명확한 이미지로 만들어 항상 머릿속에서 반복적으로 '상영'하기 바란다.

기능적 준비

다음에 필요한 것은 돈이 될 수 있는 기능적 준비다.

표현은 기능적 준비라고 했지만 사실 준비 따위는 필요하지 않다. 당신은 이미 몇 가지의 돈이 될 수 있는 기능을 갖추고 있기 때문이다.

어쩌면 당신은 돈이 될 만한 기능은 가지고 있지 않다고 한숨을 내쉴지도 모르지만 그것은 잘못된 생각이다. 예를 들어, 자동차 운전이라도 할 수 있지 않은가.

택시 운전은 '운전'이라는 기능을 사용해서 생활한다.

물론, 영업용 택시를 운전하려면 교육을 받아야 하지만 운전면허증만 있다면 그것도 어려운 일은 아니다.

'기능'이라는 말을 특별한 것으로 받아들일 필요는 없다. 자기가 할 수 있는 일, 자신 있는 일은 모두 '기능'이다. 그런 능력들을 하나하나 파헤치다 보면 틀림없이 돈이 될 수 있는 기능을 발견하게 된다.

예를 들어, 학창 시절에 공부를 잘했던 사람이라면 가정교사로 일할 수 있고, 몸이 건강하다면 정원 손질을 대행하는 일을 할 수 있다. 당신은 이미 돈이 되는 기능을 얼마든지 갖추고 있는 것이다. 그것을 발견하여 적절하게 활용하면 그 기능은 돈으로 바뀐다.

물론, 당신이 보통사람은 흉내 낼 수 없는 특수한 기능을 가지고 있다면 더욱 좋다. 또, 장래에 '독립'을 하기 위한 푸치 창업이라면 거기에 맞는 수준 높은 기능을 지금부터 계획적으로 준비한다.

즉, 다음과 같은 두 가지 사항을 실행하는 것이다.

1. 우선, 지금 이미 당신이 갖추고 있는 '기능'을 발견한다.
2. 동시에 당신의 특기 분야에 해당하는 '기능'을 계획적으로 개발하여 수준을 향상시킨다.

여기에서 한 가지 덧붙이고 싶은 말은 푸치 창업에서 '기능'은 절대적인 필요조건이 아니라는 것이다. 특별히 이렇다 할 기능이 없더라도 어떤 발상을 하는가에 따라 얼마든지 사업을 시작할 수 있고

푸치 창업을 할 수 있다. 다른 사람의 능력을 빌리거나 다른 사람을
활용하는 방법으로 사업을 성공시켜 거대한 부를 축적한 사람도 많
이 있다. 반대로, 우수한 기능을 갖추고 있어도 제대로 활용하지 못
하면 진흙 속에 묻혀 있는 보석과 같다.

"나는 아무런 기능도 없어."

이렇게 생각하는 당신에게도 사업 기회는 얼마든지 있다는 사실
을 잊지 말아야 한다.

이 책은, 읽는 동안에 당신의 '숨겨진 기능'을 당신 자신이 발견
할 수 있도록 구성되어 있다. 즉, 이 책을 읽는다는 것은 당신의 내
부에 숨겨져 있는 보물을 찾아내는 '보물찾기' 같은 즐거운 여흥이
기도 하다.

당신은 앞으로 몇 페이지를 넘기는 동안에 이런 느낌을 받을 수도 있다.

"아, 맞아. 그 특기를 사용할 수 있을지 몰라. 그래. 나는 이런 일은 할 수 있어."

이것이 바로, 당신의 내부에 숨겨져 있는 돈이 될 수 있는 기능을 발견하는 순간이다.

금전적 준비

당신이 푸치 창업을 시작한다면, 기본적으로는 돈을 투자하지 말아야 한다. 일단 자금이 전혀 들어가지 않는 상태에서 할 수 있는 일부터, 또는 100만 원 미만의 소자본으로 할 수 있는 일부터 시작해야 한다. 거액의 빚을 내어 푸치 창업을 한다는 것은 언어도단이다.

그러나 새로운 장사를 해야 하기 때문에 자금을 전혀 투자하지 않을 수 없는 경우도 있다. 예를 들어, 어떤 일을 시작하는 데 필요한 지식을 갖추기 위해, 또는 푸치 창업에 필요한 도구를 구입하기 위해 몇 만 원에서 몇 십만 원의 자금이 필요한 경우는 있다. 그때 수중에 돈이 없다면 모처럼의 기회를 놓칠 수밖에 없다.

그럴 경우에 당황하지 않도록 가능하면 약간의 여유 자금을 준비해 두는 것이 좋다. 그리고 이왕이면 언제까지 얼마의 돈을 마련하겠다는 식으로 목표를 세우고 절약하여 자금을 저축하는 것이 더욱 바람직하다.

자금을 만든다는 발상을 하게 되면 저절로 절약하게 된다. 절약도 일종의 사업이라고 생각하고 씀씀이를 줄여 남은 돈을 저축하는 것이다.

그리고 저금도 일종의 사업이라고 생각하고 즐기면서 저축하자. 여유 자금이 증가함에 따라 마음에도 여유가 생길 것이다.

단, 현 시점에서 금전적으로 전혀 여유가 없는 사람도 있을 수 있다. 그런 경우에는 자금을 전혀 투자하지 않고 푸치 창업을 할 수 있는 아이디어를 생각하자. 자금이 없더라도 시작할 수 있는 것이 푸치 창업의 매력이니까.

그러나 현실적으로는 기능이든 돈이든 여유가 있을수록 푸치 창업을 할 수 있는 선택의 여지는 증가한다.

사업을 하기 위한 자금을 '종자돈'이라고 부른다. 땅에 뿌리고 물을 주고 손질을 하면 크게 자라기 때문에 '종자돈'인 것이다. 자, 무리 없이 즐겁게, 그리고 계획적으로 조금씩 '종자돈'을 만들자!

그리고 사업을 시작할 때는, 돈이 들어가지 않더라도 그 사업을 유지하려면 돈이 필요한 경우도 있다. 사업을 유지하는 비용도 가능하면 줄여야 한다.

푸치 창업을 할 때는 유지비가 들어가지 않는 일을 선택하는 것도 중요하다.

🏃 의욕을 유지하는 방법

그런데 처음에는 푸치 창업을 한다는 생각에 최선을 다해 노력하지만 그 의욕을 끝까지 유지하는 것이 쉽지 않은 일이다. 일을 매우 좋아하는 나도 일이 바빠 지치게 되면 가끔은 그만두고 싶은 생각이 들 때가 있다.

바로 그런 의욕 저하를 막기 위해, 내가 실천하고 있는 '의욕을 유지하는 방법' 을 두 가지 정도 소개해 보기로 한다.

먼저 소개할 방법은 '강연 테이프' 를 듣는 것이다.

나의 취미 중의 하나로 성공한 경영자의 생생한 목소리를 녹음한 '강연 테이프' 를 구입하는 취미가 있다. 나는 수십 개의 '강연 테이프' 를 가지고 있는데 자동차로 이동할 때는 항상 그 테이프를 듣는다.

테이프를 듣고 있으면 마치 실제의 주인공에게 격려를 받고 있는 듯한 느낌이 든다.

사람은 활기가 넘치는 사람을 만나 대화를 나누면 자기 자신도 활기를 느끼게 된다. 성공한 사람의 목소리를 테이프를 통해서 듣는 것은 이른바 '유사 면접 효과' 가 있기 때문이다. 즉, 유명한 경영자가 당신을 만나 직접 격려해 주는 것과 비슷한 효과를 거둘 수 있다. 이런 효과를 이용해야 한다.

그리고 '기분이 가라앉을 때는 이 테이프, 아이디어가 떠오르지 않을 때는 이 테이프' 하는 식으로 상황에 따라 테이프를 구분하여 활용한다.

강연 테이프는 의욕을 향상시키고 성공한 이미지를 그리는 데 상당히 효과적이다. 또, 나 자신도 의욕을 향상시키기 위해 강연 테이프를 만들고 있다.

또 하나는 다른 사람에게 내보이기는 쑥스러운 방법인데, 나 자신을 위한 '경문' 을 만들어 아침저녁으로 독송하는 것이다.

경문의 내용을 예를 들면 다음과 같다.

나는 성공하기 위해 태어났다. 나는 꿈을 이루기 위해 살아왔다. 나는 운이 좋다. 나는 혜택 받은 사람이다.
나는 할 수 있다. 반드시 할 수 있다. 틀림없이 잘될 것이다. 틀

림없이 잘된다.

나는 매일 성공을 향해 다가가고 있다. 날이 갈수록 성공이 가까워진다.

나는 행복하다. 나는 즐겁다. 이 세상이 고맙다.

오늘도 최선을 다하자!

장난 같은 방법이지만, 내가 직접 쓴 '경문'을 가지고 다니며 틈날 때마다 읽어 의욕을 효과적으로 향상시킨다. 포인트는 '내 경문을 내가 직접 만든다'는 것이다.

위의 경문처럼 의식적으로 긍정적인 말을 외는 것은 일종의 마인드 컨트롤로 꽤 일반적인 방법이지만, 책에서 소개되고 있는 말은 당연히 다른 사람이 만든 것이기 때문에 자기 자신과 정확하게 일치하지 않는 경우가 많다. 마인드 컨트롤에 사용되는 말은 직접 만드는 것이 가장 좋다.

자신에게 정확하게 들어맞는 긍정적인 말을 정리해서 자기만의 '경문'을 만들어 늘 휴대하고 다니거나 방 안에 붙여놓고 의식한다. 그리고 소리 내어 읽는다.

이런 '경문'을 왼 다음에 자신이 달성하고 싶은 구체적인 '목표'를 써서 가지고 다니거나 소리 내어 읽는 것은 매우 효과적인 방법이다.

메일매거진을 이용하여 의욕을 향상시키는 방법도 있다

단, 이런 종류의 이른바 '성공 방법'에는 다음과 같은 문제가 있다.

"해서 좋다는 사실은 알고 있지만 실행하기가 어렵다. 습관으로 만들기가 어렵다."

의지가 약하면 당연히 계속 실행하기 어렵다.

그럼 어떻게 해야 이런 방법을 계속 실행할 수 있을까?

한 가지 효과적인 방법은 인터넷상에서 발행되고 있는 메일매거진을 이용하는 것이다.

예를 들어, 필자는 '매그매그(http://www.mag2.com)'를 통해서 '취직하지 마라! 함부로 직장에 들어가지 마라! 자기가 할 일은 직접 만들어라!'라는 메일매거진을 발행하여 매주 푸치 창업에 대한 다양한 정보와 성공 방법에 대해 조언하고 있는데, 이런 메일매거진을 구독하는 것으로 자신의 의욕을 유지하고 향상시킬 수 있다. 당신도 꼭 시험해 보기 바란다.

직접 비즈니스를 시작하려고 해도 대체 무엇을 어떻게 해야 할지 모르겠어요.

 좋아하는 분야에서 푸치 창업을 하는 것이 가장 좋습니다. 우선, 하고 싶은 일이 무엇인지 확인하십시오.

가장 이상적인 푸치 창업 패턴은 자기가 가장 좋아하는 일, 하고 싶은 일, 시간도 잊어버리고 몰두할 수 있는 일을 시작하는 것입니다.

사람은 자기가 좋아하는 분야에서 최고의 능력을 발휘할 수 있고, 좋아하는 분야에서 성공을 거두면 최고의 만족감을 얻을 수 있습니다.

푸치 창업은 단순히 돈을 벌기 위한 수단은 아닙니다. 경제적으로도 풍요로워지고 정신적으로도 충족감을 느끼는 것이 우리 인생의 궁극적인 목표이며, 그 목표를 달성하기 위한 첫 번째 수단으로서 푸치 창업은 존재합니다.

자기가 정말로 하고 싶은 일을 발견하는 데는 자기 자신과의 대화가 효과적입니다.

예를 들어, 이렇게 생각해 보십시오.

"내가 오늘 큰돈을 손에 넣어 내일부터 일하지 않아도 되는 상황이 찾아온다면 무엇을 하고 싶을까?"

여행을 떠나고 싶다거나 맛있는 음식을 먹고 싶다는 일시적인 욕구가 아니라 평생 계속하고 싶은 것이 무엇인지 자기 자신에게 질문을 던져보는 것입니다.

그렇게 하면, 그림을 그리고 싶다거나 글을 쓰고 싶다거나 요리를 연구하고 싶다는 식으로 정말로 하고 싶은 일이 떠오를 것입니다. 그럴 경우, 우선 그 분야에서 푸치 창업을 할 수는 없는지 생각해 봅니다.

이런 일은 돈이 되지 않는다거나, 생활에 별 도움이 되지 않는다는 식으로 타산적인 생각은 하지 말고 자기가 좋아하는 것, 몰두할 수 있는 것이 무엇인지 순수한 마음으로 생각해 보면서 자신과의 대화를 통해 정말로 하고 싶은 일을 발견해야 합니다.

03 푸치 창업의 문을 여는
두 가지 착안점과 두 가지 기본 자세

성공하는 사람은 마치 '실패'라는 단어를 모르는 것처럼 철저하게 행동하기 때문에 언뜻 보기에 도저히 불가능하다고 여겨지는 장애도 즐거운 마음으로 극복한다.

푸치 창업의 문을 여는 두 가지 착안점

이번 장에서는 창업을 하기 위한 '두 가지 착안점'과 '두 가지 기본자세'에 대해 설명해 보자.

지금부터 설명하는 '두 가지 착안점'과 '두 가지 기본자세'야말로 당신이 제로에서 창업하여 돈을 벌기 위한 원동력이다.

여기 '두 가지 착안점'과 '두 가지 기본자세'에, 다음 장에서 설명하는 '푸치 창업을 위한 일곱 가지 발상법'을 조합시키는 것으로 당신은 마음대로 당신의 사업을 만들어낼 수 있다. 얼마든지. 망설임 없이.

그럼 우선, 푸치 창업의 문을 여는 '두 가지 착안점'에 대해 설명해 보자.

푸치 창업을 위한 착안점, 그 하나는 사람들이 불편해하는 문제를 해결하는 것이다.

당신이 직접 창업을 할 때 이 착안점은 기본 중의 기본이다.

무릇, 이 세상에 존재하는 모든 사업은 결국 사람들의 불편함을 해결하기 위한, 또는 문제를 해소하기 위한 것이다.

사람들이 불편해하는 것이 무엇인지 발견하여 그것을 해결할 수 있는 수단을 제공할 수 있다면 그것은 사업과 연결된다.

예를 들면, 아이들이 공부를 하지 않는다는 문제를 해결하기 위해 학원이 존재한다. 머리카락이 부족해서 불편한 사람들을 위해 가발을 판매하는 사업이 존재한다. 살이 쪄서 불편해하는 사람들의 문제를 해결하기 위해 다이어트 식품이 존재한다.

창업을 할 때, 당신은 항상 머릿속의 안테나를 세우고 사람들이 불편해하는 문제가 무엇인지 민감하게 살필 줄 알아야 한다.

그 불편한 문제 안에 사업 기회가 존재하기 때문이다.

■ 트레이닝1. 사람들이 불편해하는 문제를 찾아내자!

나는 이 책을 통하여 당신의 머리에 혁명을 일으킬 생각이다. 그 혁명은, 당신의 머리를 이른바 '사업가의 머리'로 만드는 것이다. 당신이 사업가의 머리를 가질 수 있다면 하늘에서 돈벼락을 맞게 된다.

그렇게 되려면 트레이닝이 필요하다.

따라서 여기에서는, 실제로 사람들이 불편해하는 문제를 발견하는 트레이닝을 해보자.

✏️ 사람들이 불편해하는 문제를 찾아내자!

사람들이 불편해하는 문제를 찾아내어 위의 공란에 써보자.

자, 이제 펜을 준비하고 3분 동안, 시작!

(단, 3분이 지나면 무조건 다음 페이지로 넘어간다)

■ 트레이닝 2. 대상을 압축하여 사람들이 불편해하는 문제를 찾아보자!

만약, 앞 페이지의 트레이닝으로 사람들이 불편해하는 문제를 전혀 찾아내지 못했다면 그 원인은 질문이 너무 막연했기 때문이다.

그렇다면 여기에서 발상법을 약간 바꾸어보자. 대상을 압축해 보는 것이다. 대상을 압축하면 간단히 사람들이 불편해하는 문제가 떠오른다.

예를 들면,

"여성이 불편해하는 문제는 무엇인가?"

이런 식으로 성별을 나누어본다. 다음에는 조건을 압축한다.

"여성들 중에서도 자녀가 있는 여성들이 불편해하는 문제는 무엇인가?"

그리고 여성의 의식까지 생각하여 대상을 더욱 압축한다.

"게다가 일을 하고 싶어 하는 여성들 중에는 어떤 불편한 문제가 있는가?"

이렇게 하면 다음과 같은 문제가 떠오를 것이다.

"자녀를 안심하고 맡길 수 있는 장소가 없다. 그렇기 때문에 일을 하고 싶어도 할 수 없다."

이 문제를 해결할 수 있는 창업을 생각한다면 다음과 같은 결론을 이끌어낼 수 있다.

"시설이 좋은 탁아소를 제공할 수 있는 사업을 하면 된다."

이제, 대상을 압축하면서 사람들이 불편해하는 문제를 발견하고 그 문제를 해결할 수 있는 구체적인 비즈니스 아이디어를 창출해 낼 수 있는 응용 트레이닝에 도전해 보자. 시간은 5분. 자, 시작.

✎ 대상을 압축 해보자!

대 상	
불 편 한 문 제 점	
사 업	

이번에는 비교적 간단히 문제점을 찾아냈을 것이다. 그리고 사업 아이디어도 떠올랐을 것이다.

어쩌면 당신이 지금 생각한 사업 아이디어는 장래에 10억의 수입을 올려줄지도 모른다. 축하!

지금 당신이 이 트레이닝에 소비한 시간은 10분 정도다. 이렇게 짧은 시간 동안에도 사업 아이디어를 몇 가지나 발견해 낼 수 있다.

사실, 이 트레이닝은 매우 효율적이다. 불과 5분, 10분의 접근으로 인생을 바꿀 수 있는, 멋진 사업 아이디어가 떠오르는 경우는 흔히 있다.

실제로 성공을 거둔 수많은 사업도 순간적으로 떠오른 한 가지 아이디어로 부자가 된 경우가 많다. 인생은 단 한 가지의 발상에 의해 간단히 바뀔 수 있다.

이제 당신은 대상을 압축함으로써 사람들이 불편해하는 문제를 얼마든지 찾을 수 있고, 그 모든 문제들을 창업과 연결시킬 수 있을 것이다.

"내가 불편해하는 문제는 무엇인가?"

"아내가 불편해하는 문제는 무엇인가?"

"친구들이 불편해하는 문제는 무엇인가?"

"옆집 아저씨가 불편해하는 문제는 무엇인가?"

이런 식으로, 사람들이 불편해하는 문제를 발견하여 사업의 소재로 삼으면 된다.

착안점 2... 즐거움, 쾌적함, 삶의 보람을 제공할 수는 없을까?

두 번째 착안점은 사람들이 불편해하는 문제를 해결하는 것에서 한 걸음 더 나아가 즐거움, 쾌적함, 삶의 보람 같은 정신적인 충족감을 제공할 수 있는가에 눈길을 돌려 사업을 개발하는 것이다.

예를 들면, 취미인 개그를 살려 개인적으로 '개그사업'을 창업해서 성공한 사람이 있다. 그는 다양한 이벤트에 참석해서 개그를 선보이는 것으로 본업을 웃도는 부수입을 올리고 있다. 그가 하고 있는 사업은 그야말로 즐거움을 제공하는 사업이다.

이렇게 즐거움을 제공하는 사업을 크게 확대한 것이 디즈니랜드로 대표되는 테마파크사업이다.

개인적으로 사업을 활용할 경우, 노래나 악기에 자신이 있다면 출장 콘서트, 그림에 자신이 있다면 초상화를 그리는 사업 등 여러 가지 패턴으로 이 분야에 참가할 수 있다. '점술'도 일종의 오락사업이라고 할 수 있다.

또, 취미 교실을 개설하여 음악이나 그림 등을 가르치면 사람들에게 삶의 보람을 제공할 수 있는 사업을 전개할 수 있다.

이렇게 설명하면 또 반발하는 사람이 나올 수 있다.

"나는 오락적인 재능이 없기 때문에 도움이 되지 않아."

하지만 당신이 만약 여행을 좋아한다면 즐거운 여행 계획을 세워주는 '여행 어드바이스사업'을 할 수 있을 것이다. 골프를 좋아한다면 '골프 어드바이스사업'도 할 수 있다.

특별한 기능이 없더라도 자신의 취미나 특기 분야를 살리는 것으로 다른 사람에게 즐거움, 쾌적함, 삶의 보람을 제공하는 사업은 얼마든지 할 수 있다.

푸치 창업에서는 자신에게 갖추어지지 않은 것을 찾아 한숨을 내쉬는 것이 아니라 자신에게 갖추어져 있는 것을 찾아내어 효과적으로 이용하는 '플러스 발상'이 필요하다.

푸치 창업의 문을 여는 두 가지 기본자세

다음으로 푸치 창업의 문을 열기 위한 두 가지 기본자세에 대해 설명해 보자.

첫 번째 기본자세는 '사업 관찰'이다. 앞으로 사업을 시작하겠다고 생각했다면 모든 사업에 대해 주의 깊게 관찰하는 태도를 갖추어야 한다.

기본자세 1. 주변의 비즈니스를 관찰한다.

우선, 자기 주변에 어떤 사업이 있는지 관찰해 보자. 그리고 자기가 자주 이용하는 가게에 대해 그 가게가 돈을 버는지, 돈을 번다면 얼마나 버는지 상상해 보자.

또, 지금 어떤 사업이 유행하고 있는지, 또는 앞으로 어떤 사업이 유행할 것인지도 생각해 보자.

당신은 아마 지금까지 사업에 대해 수동적이었을 것이다. 아니면 남의 일로 생각했을 것이다. 하지만 앞으로는 당신 자신이 주체적으로 사업을 시작할 것이니까 사고방식을 전환해야 한다.

나는 편의점으로 들어가면 우선 어디에 어떤 상품이 놓여 있는지 점검해 본다. 그리고 가게의 입지나 점원들의 접객 태도 등을 점수로 매겨 하루 매상이 어느 정도일지 예상해 본다.

그리고 때로 점원에게 이런 식으로 조언도 한다.

"신문을 이런 장소에 두면 팔리지 않을 것 같은데. 이쪽으로 옮기는 쪽이 눈에 더 잘 띌 것 같아."

"지금은 손님이 많으니까 바닥 청소는 나중에 하는 게 좋을 것 같은데."

물론, 이렇게 말하면 점원들은 이맛살을 찌푸리고 나를 노려본다.

요컨대 나는 가게로 들어가면 어느 때는 지배인이, 또 어느 때는 점원이 되어 그 가게를 관찰해 본다. 이런 식으로, 그 가게의 종업원이 되어 관찰해 보는 태도는 푸치 창업을 위해 매우 효과적인 트레이닝이다.

언젠가는 생선가게 앞에서 여느 때처럼 주인의 입장이 되어 관찰을 하고 있었는데, 갑자기 주인이 옆 가게로 가서 가게가 비어 버렸다. 그 순간 나도 모르게 이렇게 소리쳤다.

"오늘은 동태가 싱싱합니다! 오늘 저녁 반찬은 동태찌개를 해보세요!"

그러자 손님 한 명이 다가오더니 동태를 달라고 했다. 나는 즉시 옆 가게로 달려가 주인을 불러왔다.

물론, 이렇게까지 할 필요는 없겠지만 모든 사업을 그 사람의 입장에서 관찰해 보는 태도가 중요하다. 그렇게 하면 사업을 창출하기 위한 힌트를 반드시 얻을 수 있다.

기본자세 2. 흉내를 내어본다. 돈을 벌고 있는 비즈니스를
흉내 낼 수는 없는지 생각해 본다.

푸치 창업을 해서 성공을 거두기 위한 또 한 가지 기본자세는 '흉내'다. 당신이 직접 창업을 하려 할 때 이 발상은 매우 중요하다.

완전히 새로운, 지금까지 없었던 사업을 제로에서 창조해 낸다는 것은 매우 어려운 일이다. 물론, 그렇게만 할 수 있다면 홈런을 칠 가능성이 있지만 처음부터 홈런을 노릴 것이 아니라 우선 번트라도 대서 1루로 진출하는 것이 중요하다.

이때 도움이 되는 것이 '흉내'이다. 즉, 다른 사람의 사업을 흉내 내어보는 자세다.

"내 주변에 풍족하게 사는 사람은 없을까. 벤츠를 타고 다니고, 매년 해외여행을 가는 그런 사람…. 그런 사람은 대체 어떤 사업을

하고 있을까. 나는 그런 사람의 사업을 흉내 낼 수 없을까?"

이런 식으로 생각해 보는 것이다.

일본에는 '불상이 떼굴떼굴' 이라는 특이한 이름을 가진 술집이 있다. 가게 안에 작은 불상이 장식되어 있는 참신한 선술집이다.

이곳에서 팔고 있는 술 이름이 '불상 통째로' 라니까 웃음이 절로 나오지만 이 선술집을 경영하고 있는 주식회사 '유지그로잉업' 의 우쓰노미야 사장은 이른바 '모방사업' 의 천재다.

그는 젊은 시절, 노래방의 점원이었다. 당시, 그 비즈니스는 성황을 누려 경영자는 엄청난 수입을 올렸다. 그 모습을 지켜본 으쓰노미야 씨는 자기도 비슷한 사업을 해야겠다고 결심했다.

그래서 독립하여 일하고 있던 가게에서 배운 노하우를 살려 자신의 가게를 차렸다.

그 가게가 번성하여 그는 매일 5천만 원씩 벌어들였고 마침내 20대의 나이에 100억 원의 현금을 손에 넣을 수 있었다.

우쓰노미야 씨는 지금도 자주 해외로 나간다. 그 목적은 시찰이다. 시찰이라고 하면 듣기에는 좋지만 내 입장에서 보면 그럴 듯한 사업을 훔치기 위해, 흉내 내기 위해 해외여행을 다니는 것이라고 생각한다. 우쓰노미야 씨에게는 실례되는 말이지만.

그리고 재미있다고 생각되는 가게가 있으면 그와 비슷한 가게를, 아니 그보다 훨씬 더 매력적인 가게를 오픈하여 성공을 거둔다.

자기 혼자만의 아이디어에는 한계가 있다. 따라서 다른 사람의 사업을 흉내 내는 것으로 사업 기회를 붙잡게 되는 경우가 많다.

당신의 주변을 주의 깊게 둘러보라. 아무리 불황이라고 해도 틀림없이 돈이 벌리는 비즈니스가 있다. 그리고 틀림없이 돈을 버는 사람이 있다.

푸치 창업을 생각할 때, 우리는 항상 흉내 낼 수 있는 비즈니스는 없는지 확인하는 습관을 들여야 한다.

■ 트레이닝 3. 지금 유행하고 있고 당신이 흉내 내고 싶은 사업을 적어보자!

지금 유행하고 있고 당신이 흉내 내보고 싶은 사업을 찾아보자.

이때 돈이 들어갈 것 같아서 안 되겠다는 식의 부정적인 요소는 무시하고 생각이 나는 대로 자유롭게 적어야 한다.

즉시 떠오르지 않는 경우에는 의식주나 취미 등의 분야를 생각해서 압축하는 방법으로 시도해 보면 된다. 시간은 5분. 시작!

✏️ 흉내내보고 싶은 사업을 적어보자!

■ 트레이닝 4. 지금 누가 돈을 벌고 있는지 생각해 보고
그 사람이 하고 있는 사업을 적어보자!

다음에 당신 주변에서 불경기인데도 불구하고 돈을 벌고 있는 사람, 사업이 번창하고 있는 사람이 누구인지 그 사람의 이름을 적어보자.

그리고 그 사람이 어떤 사업을 하고 있는지 적어보자. 이번에도 역시 부정적인 요소는 무시하고 흉내 내보고 싶은 사업이 있으면 그냥 적어보는 것이 중요하다. 역시 시간은 5분. 시작!

✏️ 돈을 벌고 있는 사람의 사업을 적어보자!

🏃 승자의 발상 VS 패자의 발상

그런데 흉내 내보고 싶은 사업을 적은 다음에, 어쩌면 당신에게는 무리라는 생각에 무력감을 느낄지도 모른다.

하지만 부디 패자의 발상에 빠지지 않기를 바란다. 승자와 패자를 구분하는 것은 재능이나 재력, 또는 머리가 아니다. 오직 발상의 차이, 정신의 차이다.

사업을 제대로 이끌어갈 수 없는 사람 -패자- 는 흉내 내보고 싶은 사업을 적기는 하지만 그것을 보면서 이렇게 생각한다.

"이건 현실적으로 힘들어. 아무리 생각해도 나에겐 불가능해."

"나는 ○○하기 때문에 돈을 만들 수 없어. ○○하기 때문에 나는 할 수 없어."

즉, 의식이 '불가능한 이유'에만 집중해 버리고, 머리는 자동으로 어떻게든 '불가능한 이유', '할 수 없는 이유'만을 찾는다. 불가능한 이유 따위를 찾아보아야 아무런 의미도 없는데.

그 결과, 머리는 사고 정지 상태에 빠지고 정신은 위축되어 아무것도 실행할 수 없다.

사업은 행동이 없으면 성공도 없다. 아무리 멋진 아이디어가 떠올랐다고 해도 실행하지 않으면 절대로 성공할 수 없다.

한편, 사업을 성공으로 이끌어갈 수 있는 사람 -승자- 는 항상 이렇게 생각한다.

"재미있는데. 흉내 내어볼 만해. 그래. 나도 한번 해보자."

"그런데 돈을 만들려면 어떻게 해야지?"

"그래. ○○하면 만들 수 있을지도 몰라. ○○하는 방법도 있어."

즉, 의식이 '어떻게 해야 할 수 있는가?' 하는 데 집중하기 때문에 머리도 자동으로 '어떻게 해야 하는가?' 하는 구체적인 방법에 대해 생각하기 시작한다. 그리고 그들은 자기가 생각한 방법을 즉시 실행에 옮긴다.

🏃 성공하는 사람은 '실패'라는 말을 모른다.

게다가 실행에 옮긴 시점에서의 반응도 승자와 패자는 확실한 차이가 난다.

실패하는 사람은 일단 실행을 해보고 일이 뜻대로 풀리지 않으면 즉시 포기해 버린다.

예를 들어, 라면가게를 차렸는데 손님이 오지 않았다고 하자. 그 경우, 이렇게 생각한다.

"가게의 입지가 나빠서 손님이 오지 않는군. 틀렸어. 집어치우자."

이런 식으로 쉽게 포기해 버리는 것이 패자의 발상이다.

하지만 성공하는 사람은 눈앞에 실패로 보이는 사건이 발생하더라도 그것을 실패라고 생각하지 않는다.

앞의 경우를 예로 든다면 이렇게 생각한다.

"왜 손님이 오지 않을까. 가게가 눈에 띄지 않나? 간판의 위치가 잘못되었나? 그래. 가게 앞에 고양이 인형처럼 눈길을 끄는 돌건을 놓는 게 좋을 것 같아. 좋았어. 한번 시도해 보자."

이런 식으로, 손님을 끌어들일 수 있는 방법을 생각하고 즉시 실행에 옮긴다.

그래도 장사가 되지 않을 경우에는 당연히 다음 작전을 생각하고 실행한다. 성공할 때까지, 손님이 모여들 때까지 손님을 끌어 모으기 위한 방법을 진지하게 생각한다.

성공하는 사람은 눈앞의 장애나 일이 뜻대로 풀리지 않는 것을 '실패'로 받아들이지 않는다. 성공을 위해 필요한 스텝으로 받아들인다.

성공하는 사람은 마치 '실패'라는 단어를 모르는 것처럼 철저하게 행동하기 때문에 언뜻 보기에 도저히 불가능하다고 여겨지는 장애도 즐거운 마음으로 극복한다.

여기에서 소개한 푸치 창업을 위한 '두 가지 착안점'과 '두 가지 기본자세'는 이러한 정신자세가 바탕이 되어야 비로소 그 힘을 발휘한다.

Q 최근 들어 구조조정 때문에 퇴직했습니다. 5천만 원의 퇴직금을 가지고 있는데 이 자금으로 라면가게(FC체인점)를 시작해 보고 싶습니다.

A 갑자기 큰돈을 투자해서 독립적으로 창업하는 것은 매우 위험합니다. 자금을 들이지 않고 개업할 수 있는 사업을 연구해 보십시오.

당신이 만약, 지금까지 라면가게에서 일을 했다면, 그리고 라면가게를 번성하게 만들 수 있는 노하우를 가지고 있다면 승산이 있을 것입니다. 하지만 지금까지 전혀 다른 일을 했던 사람이 직장을 잃었으니까 일단 라면가게라도 개업해 보자는 단순한 생각으로 개업을 한다면 성공은 바라기 어렵습니다.

처음부터 뜻대로 풀려나가는 사업은 거의 없습니다. 갑자기 전 재산을 투자하여 사업을 할 경우, 실패하면 끝장입니다. 재기가 불가능하니까요. 자영업을 시작할 때 가장 중요한 포인트는 실패하더라도 재기가 가능한 경제적인 여유를 남겨두고 시작해야 한다는 것입니다. 자금을 남겨두어야 성공할 때까지 계속 도전할 수 있습니다.

자금을 들이지 않고 라면가게를 개업하려면 우선, 라면가게에서 아르바이트를 하는 식으로 생활비를 벌면서 라면가게의 노하우를 배우고 남는 시간에 맛있는 라면을 만드는 방법을 연구해야 합니다. 자력으로 맛있는 라면을 만들 수 있는 능력을 갖추는 것입니다. 그렇게 하면, 굳이 체인점을 운영하지 않아도 독자적으로 맛을 내는 독특한 라면가게를 운영할 수 있을 것입니다.

다음으로, 필요한 사업 면허, 허가 사항 등을 취득하면서 인터넷 경매 사이트를 이용하는 등 개업에 필요한 조리 기구나 도구들을 저렴한 가격에 구입합니다. 준비가 갖추어지면 자택 한 구석을 개조하여 라면가게를 내거나 중고 자동차를 구입해서 이동 판매부터 시작하는 식으로 최소한의 개업 자금으로 영업을 시작합니다. 이런 방식이라면 5천만 원의 퇴직금은 그대로 둔 채 라면가게를 개업할 수 있기 때문에 실패하더라도 충분히 재기할 수 있습니다.

04 푸치 창업을 하기 위한 일곱 가지 발상법

특별한 기술을 생각할 필요는 없다. 예를 들면, 이삿짐을 나른다거나 청소를 한다거나 아이를 돌보는 식으로, 다른 사람들이 불편해하는 문제를 해결해 주기 위해 노동력을 제공할 수 있다면 즉시 수입을 올릴 수 있지 않은가. 특별한 기술이 없더라도 푸치 창업은 할 수 있다.

 푸치 창업을 위한 '일곱 가지 발상법'이란?

앞에서 '푸치 창업의 문을 여는 두 가지 착안점'과 '푸치 창업의 문을 여는 두 가지 기본자세'에 대해 설명했다.

정리하면 다음과 같다.

■ 푸치 창업의 문을 여는 두 가지 착안점

1. 사람들이 불편해하는 문제를 해결한다.
2. 즐거움, 쾌적함, 삶의 보람을 제공한다.

■ 푸치 창업의 문을 여는 두 가지 기본자세

1. 주변의 비즈니스를 관찰한다.
2. 흉내 내어본다.

이것들은 이른바 푸치 창업의 문을 열기 위한 열쇠다.

이것만으로도 충분히 새로운 비즈니스를 만들어낼 수 있지만 여기에 다시 '푸치 창업을 위한 일곱 가지 발상법'을 첨가하고 싶다.

당신이 자신의 힘으로 비즈니스를 창출하기 위한 '일곱 가지 발상법'은 다음과 같다.

일단, 읽어보자.

1. 지금 일에서 사용하고 있는 기술을 활용하여 푸치 창업을 할
   수는 없는가?
   지금 할 수 있는 일로 푸치 창업을 할 수는 없는가?
2. 남는 시간을 활용하여 푸치 창업을 할 수는 없는가?
   지금 가지고 있는 물건을 활용하여 푸치 창업을 할 수는 없는가?
3. 자신의 취미나 특기를 살려 푸치 창업을 할 수는 없는가?
4. 컴퓨터나 인터넷을 이용하여 푸치 창업을 할 수는 없는가?
5. 가게를 내서 푸치 창업을 할 수는 없는가?
6. 다른 사람의 노동력을 이용하여 푸치 창업을 할 수는 없는가?
7. 푸치 창업을 해서 불로 소득을 올릴 수는 없는가?

"각각의 발상을 어떻게 사용해야 좋을까?"

"'두 가지 착안점'이나 '두 가지 기본자세'와 어떤 식으로 즈합해야 좋을까?"

"구체적으로 어떤 사업을 창출할 수 있을까?"

이런 문제에 대해서는 앞으로 사업 사례를 소개하면서 자세히 설명하기로 한다.

다음으로, 이 '일곱 가지 발상법'을 '두 가지 착안점'과 '두 가지 기본자세'로 샌드위치하면 비즈니스를 창출하기 위한 '엔진'이 만들어진다. 이것을 '하세가와식 사업 창조 엔진'이라고 부른다. '하세가와식 사업 창조 엔진'은 문자 그대로 사업을 창출하기 위한 원동력, 엔진이다.

이것을 사용하면 당신은 푸치 창업을 위한 새로운 사업 아이디어를 끝없이 창출해 낼 수 있다. 구체적으로는 '하세가와식 사업 창조 엔진'을 사용하여 '1인 브레인스토밍 brainstorming: 창조적 집단사고법. 독창적인 아이디어를 이끌어내기 위한 무비판 자유 발언 형식의 아이디어 개발 방법'을 실행, 새로운 사업을 창출해 내는 것이다.

우선, 다음과 같은 준비물이 필요하다.

1. 메모지(A4용지) 수십 장.
2. 4색 볼펜.
3. 그 밖의 필기구.
4. 파일(A4 용지를 보관하기 위한).
5. 당신의 머리.

그리고 오른쪽 표를 보면서 머릿속에 떠오르는 아이디어를 자유롭게 메모지에 적는다.

하세가와식 사업 창조 엔진

기본자세① 사업 관찰		
착안점① 사람들이 불편해하는 문제를 해결	**1** — 지금 일에서 사용하고 있는 기술을 활용하여 푸치 창업을 할 수는 없는가? 지금 할 수 있는 일로 푸치 창업을 할 수는 없는가? **2** — 남는 시간을 활용하여 푸치 창업을 할 수는 없는가? 지금 가지고 있는 물건을 활용하여 푸치 창업을 할 수는 없는가? **3** — 자신의 취미나 특기를 살려 푸치 창업을 할 수는 없는가? **4** — 컴퓨터나 인터넷을 이용하여 푸치 창업을 할 수는 없는가? **5** — 가게를 내서 푸치 창업을 할 수는 없는가? **6** — 다른 사람의 노동력을 이용하여 푸치 창업을 할 수는 없는가? **7** — 푸치 창업을 해서 불로 소득을 올릴 수는 없는가?	**착안점② 즐거움·쾌적함·삶의 보람을 제공**
기본자세② 흉내 내어본다		

 이 부분은 위 표에 포함

자기가 하고 싶은 일을 잘 모르겠다는 사람은 '1인 브레인스토밍을 실행하는 방법' 이후의 설명을 읽고 다시 도전하면 되지만 어떤 방식이 옳다거나 잘못되었다는 평가는 없다. 그런 점에는 얽매이지 말고 안정된 마음으로 생각이 떠오르는 대로 자유롭게 아이디어를 적으면 된다. 어쩌면 억 단위의 돈을 벌 수 있는 사업 아이디어가 떠오를지도 모른다.

자, 메모지와 4색 볼펜, 매직 등 마음에 드는 필기구를 준비하고 앞의 표를 보면서 머릿속에 떠오르는 사업 아이디어를 자유롭게 써보자!

✱ 사람들이 불편해 하는 문제는 무엇인가?

○ 돈이 모자르다
○ 수입이 늘지 않는다!
○ 구조조정에 대한 불안, 스트레스
○ 절약에는 한계가 있다

돈라인이 없다.
↓
수입을 늘리면 된다!!

그래!! 책은 숫자.. 내 특기는 뭐가 있지?

당신도 창업으로 부자가 될 수 있다

말하는 것 .. 노래한다.
글을 쓰는 것 .. 작곡
가르치는 것 .. 아이디어를 낸다
ⓐ 사업을 창출하는 것

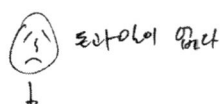
학생의 메리트
- 꿈. 희망
- 싼 인건비
- 운영의 해도.

사업을 만드는 영업, 사장하는 방법을 가르치는 학교(요설)를 만들 수는 없을까?

① 멘투맨으로 창업을 가르치는 요설
② 인터넷, TV, 전화를 이용한 요설?
③ 서울·부산·대전 등 대도시에서 적은 인원을 대상으로 한 세미나? (10명씩이)
④ 전화 컨설팅도 필요!!
⑤ 성공한 사람을 모델로 삼아 흉내를 내어 본다.

앞 페이지의 '1인 브레인스토밍'의 예에서는 우선, '사람들이 불편해하는 문제(착안점 1)'에 포커스를 맞추고 머릿속에 떠오르는 불편한 문제들을 나열하고 있다. 그리고 거기에 '일곱 가지 발상법'의 '3. 자신의 취미나 특기를 살려 푸치 창업을 할 수는 없는가?' 하는 발상을 조합시키자, '사업 방식을 가르치는 교실을 만들자'는 아이디어가 탄생했다.

이런 식으로 아이디어를 개발하는 패턴을 수식으로 표현하면 다음과 같다.

착안점 1 × 발상법 3 = 비즈니스 스쿨

'하세가와식 사업 창조 엔진'을 사용한 아이디어 개발 패턴은 수없이 많다.

예를 들면, 우선 '사업 관찰(기본자세 1)'에 포커스를 맞춘다. 오늘 아침부터 저녁까지 자기가 이용한 일들을 적으면서 새로운 사업을 창출할 수는 없는지 생각해 보는 것이다.

"아침에 신문을 읽었다. → 신문 보급소를 경영할 수는 없는가?"

"커피숍에서 아침 식사를 했다. → 택배 커피숍이 있다면 어떨까?"

"전철을 탔다. → 전철의 혼잡 상태를 알려주는 서비스. 전철이 얼마나 늦어지는지 그 시간을 알려주는 서비스가 있다면 편할 것이다."

이처럼 기본적으로는 그림의 틀에 있는 '두 가지 착안점', 또는
'두 가지 기본자세'에서 출발한 다음에 그림 내부의 '일곱 가지 발
상법'을 조합하는 방법으로 브레인스토밍을 실행한다.

이 발상법은 일정 기간 계속해 보아야 한다. 익숙해짐에 따라 다
양한 사업 아이디어가 떠오르게 될 것이다.

푸치 창업에 어울리는 사업의 다섯 가지 조건

이제 '하세가와식 사업 창조 엔진' 〈두 가지 착안점 + 두 가지 기
본자세 + 일곱 가지 발상법〉을 사용하여 실제로 푸치 창업을 위한
사업을 창출해 보기로 하자. 구체적인 사업 사례를 소개하면서.

실제로 어떻게 해야 푸치 창업을 할 수 있을까?

어떤 식으로 사업을 추진해야 좋을까?

어떻게 해야 현금이 쏟아지는 소리를 들을 수 있을까?

이런 푸치 창업의 포인트를 확실하게 이해할 수 있도록 해설해
보자.

이 책에서는 앞으로 푸치 창업에 가장 적합한 사업 사례를 다양
하게 소개할 생각인데, 나는 푸치 창업용 사업을 채택할 때 다음의
다섯 가지 조건을 고려했다.

1. 누구나 할 수 있는 사업일 것. 즉 특수한 능력이나 자격이 필
   요하지 않은 것.
2. 실제로 돈을 벌 수 있는 사업일 것.
3. 개업 자금이 적게 들어가고 리스크가 적은 사업일 것.
4. 거창한 준비가 필요 없고, 즉시 할 수 있는 사업일 것.
5. 푸치 창업의 형식으로 개업할 수는 있지만, 하기에 따라서는
   '전업'이 가능한 발전성이 있는 사업일 것.

기존의 서적에서는 현실과 너무 동떨어진 사업 계획이 소개되는
경우가 많았다. 이 책에서는 내가 실제로 해본 사업을 포함하여 이
책을 읽은 여러분들이 실제로 해보고 싶다, 나도 할 수 있다, 정말
로 돈을 벌었다고 말할 수 있는 사업만을 엄선하여 소개하기로 한
다. 틀림없이 여러분의 푸치 창업에, 그리고 '수입 향상'에 큰 도움
이 될 것이다.

그럼 이제 '푸치 창업. 일곱 가지 발상법'을 바탕으로 사업을 창
출하는 방법을 생각해 보자.

우선 현실적인 상황에서 출발하자!

푸치 창업을 위한 최초의 발상법은 다음과 같다.

지금 일에서 사용하고 있는 기술을 활용하여 푸치 창업을 할 수는 없는가? 지금 할 수 있는 일로 푸치 창업을 할 수는 없는가?

이른바 현실적인 상황에서의 발상이다. 특별히 무엇인가를 준비하지 않고 지금 가지고 있는 기술을 그대로 사용하여 푸치 창업을 하는 방법을 생각해 보는 것이다.

우선, 가장 먼저 생각해야 할 문제는 지금 하고 있는 일에서 사용하고 있는 기술을 활용한 푸치 창업이다. 지금 사용하고 있는 기술이 당신의 현재 생활을 지탱해 주고 있는 것이니까 당연히 고도의 기술일 것이다. 그 기술을 활용하여 푸치 창업을 할 수는 없는지 생각해 보자. 물론, 과거의 일에서 사용했던 기술을 활용할 수는 없는지 그 점도 생각해 볼 필요가 있다.

이 책에서 가장 먼저 소개한 A씨도 회사에서 하고 있던 홈페이지 제작 기술을 활용하여 푸치 창업을 했다.

그러나 지금의 기술로 돈을 벌 수 있는 이유는 회사라는 시스템이 존재하기 때문이라고 생각하는 사람도 많이 있을 것이다. 즉, 개인적으로 활용하고 싶어도 일을 따낼 수 없는 경우도 있다. 또, 그 기술을 회사 이외의 장소에서 활용하기는 어렵다고 말하는 사람도 있을 것이다.

그러나 연구하기에 따라 얼마든지 가능하다. 만약, 지금 일에서 사용하고 있는 기술을 활용하여 푸치 창업을 할 수 있다면 그것은 가장 확실한 방법이다. 그러니까 실현 가능성이 없는지 진지하게 생각해 보자.

지금 당장 할 수 있는 일, 누구나 할 수 있는 일로도 푸치 창업을 할 수 있다!

현재 하고 있는 일에서 사용하고 있는 기술로 푸치 창업을 하기 어려운 경우라도 포기해서는 안 된다. 자기가 지금 당장 할 수 있는 일 중에서 푸치 창업을 할 수 있는 일은 없는지 생각해 보면 된다.

특별한 기술을 생각할 필요는 없다. 예를 들면, 이삿짐을 나른다거나 청소를 한다거나 아이를 돌보는 식으로, 다른 사람들이 불편해하는 문제를 해결해 주기 위해 노동력을 제공할 수 있다면 즉시 수입을 올릴 수 있지 않은가. 특별한 기술이 없더라도 푸치 창업은 할수 있다.

예를 들어, 나 자신이 지금 당장 할 수 있는 일을 생각해 보았는데, 다음과 같은 일들이 떠올랐다.

컴퓨터 설정(인터넷, 전자메일) / 컴퓨터 출장 지도 / 컴퓨터를 통한 문서 작성, 문자 입력 / 초・중학생 학습 지도 / 대청소 돕기 / 전단 배포(포스터 붙이기 등) / 상품 구입 대행 / 쓰레기 버리기 대행 / 전기제품 설치, 조작 돕기(텔레비전과 비디오를 연결하는 일 등) / 아이 보기 / 대화 상대, 상담 상대 ….

내 경우, 오랫동안 컴퓨터를 다루었기 때문에 컴퓨터와 관련된 내용이 많다. 반대로, 체력에는 자신이 없기 때문에 노동력이 필요한 일은 포함시키지 않았다.

그렇다면 당신도 나와 마찬가지로 지금 당장 할 수 있는 일을 생각해 보라.

이런 '기술' −그중에는 기술이라고 부를 수 없는 종류도 많이 섞여 있을 테지만− 을 그대로 팔아 돈으로 바꿀 수 있는 방법을 생각해 보자.

'심부름센터'라면 지금 당장 돈을 벌 수 있다!

지금 당장 할 수 있는 사업을 생각할 경우, 간단히 떠오르는 구체적인 사업은 '심부름센터'라는 사업이다. 즉, 개를 산책시킨다거나 아이를 돌본다거나 정원 청소를 하는 식으로, 고객의 의뢰를 받으면 출장을 가서 원하는 일을 해주는 사업이다. 미행이나 하는 이상한

'심부름센터'와는 다르니까 오해하지 말도록.

물론, 당신은 그런 이렇게 생각할 수도 있다.

"그런 일을 어떻게…. 왠지 쑥스러워서…."

이 책에서는 '일곱 가지 발상법'에 바탕을 두고 합계 12가지의 구체적인 사업 사례를 제안하고 있다. 당신이 '심부름센터'가 싫다면 다른 사업을 선택하면 되지만 '심부름센터'는 이른바 푸치 창업의 기본이다.

실제로, 실행 여부를 제쳐두고 이 사업 계획에서 부디 푸치 창업의 에센스를 배우기 바란다. '심부름센터'가 모든 사업의 기본이기 때문에 나는 이 사업을 가장 먼저 소개하는 것이다.

실전 ① 심부름센터

문자 그대로 무엇이든 도와주는 심부름센터. 이사 돕기. 애완견 산책시키기. 아이 보기. 정원 청소. 상품 구입 대행. 가정교사 등 고객의 의뢰에 대응하여 당신이 할 수 있는 모든 일을 한다.

 개업 준비

'심부름센터'를 개업하는 데는 자금이 거의 필요 없다. 준비해야 할 것은 두 가지 정도.

1. 매직 한 개.

2. A4용지 백 장.

기본적으로는 이것만 있으면 된다.

나중에 전단을 복사하는 데 필요한 복사 비용을 포함한다고 해도 만 원 정도만 있으면 충분하다.

다음에, 복사용지를 사용하여 '심부름센터' 전단을 만들어보자.

전단을 만든다고 해서 요란한 작업은 아니다. '무엇이든 도와드립니다!' 라는 메시지를 전달할 수 있는 전단을 작성해서 그것을 복사하는 것으로 끝이다.

또, 전단을 만드는 데 시간도 들지 않는다. 15분 정도면 충분하다. 만든 전단은 아는 사람들에게 배포하거나 근처에 벽보로 붙이면 된다.

일단, 전단 사례를 보자. 눈에 띄는 문구는 다음과 같다.

"혹시 곤란하거나 어려운 문제는 없습니까?"

이것은 사업을 시작할 때의 '두 가지 착안점' 중의 하나인 '사람들이 불편해하는 문제를 해결할 수는 없을까?' 를 그대로 응용한 것이다.

만약, 그림을 잘 그린다면 전단을 멋지게 장식하여 보다 나은 효과를 올릴 수 있다.

이 전단은 짧은 시간에 간단히 만들 수 있지만 신뢰성이 떨어질 수도 있다. 즉, 무슨 내용인지는 쉽게 이해할 수 있지만 왠지 믿음직스럽지 않다는 인상을 심어줄 수 있다.

하지만 정성을 들여 만든다면 마음은 충분히 전달될 것이다. 뒤에서 컴퓨터를 사용한 전단도 소개하겠지만, '당신에게 도움이 되고 싶다!' 는 열의를 가지고 광고 문구를 쓰면 틀림없이 좋은 반응이 있을 것이다.

이 전단은 모두 직접 써서 작성한 것이지만 컴퓨터를 이용해서 제목 부분만 인쇄한 다음에 내용을 직접 써넣는 방법도 있다.

🏃 전단 한 장으로 비즈니스를 시작할 수 있는 것이 푸치 창업

전단을 만드는 것이야말로 푸치 창업의 원동력이다. 전단 한 장으로 사업을 시작할 수 있는 것이 푸치 창업이다.

다음 페이지의 전단은 '심부름센터' 를 내용으로 만든 것이지만, 제목을 '가정교사' 로 바꾸면 가정교사가 학생들을 모집하는 전단을 만들 수도 있다.

현재 큰 회사가 되어 있는 기업도 처음에는 이런 전단 한 장에서부터 시작한 경우가 많다. 부디 가능성을 믿고 직접 전단을 만들어 도전해 보자.

하기 싫은 귀찮은 일이
있습니까?
무엇이든 도와드립니다!!

· 컴퓨터 설치. 설정
· 이삿짐 운반
· 청소. 정리 대행
· 상품 구입 대행
· 쓰레기 대신 버리기
· 대화 상대
· 애완견 산책 시키기.

무슨 일이든 일단 전화 주세요!!

24 시간 O.K
080-1234-5678
돈 벌레 신부름 센터

전단 만들기에 대해 생각해 보자.

직접 쓸 것인가 컴퓨터를 사용할 것인가

이번에는 푸치 창업의 중요한 판촉 도구인 전단 만들기에 대해 생각해 보자. 우선, 직접 쓸 것인지, 컴퓨터를 사용할 것인지에 대해서.

직접 쓸 경우의 장점은 다음과 같다.

1. 광고주의 마음과 인품을 전할 수 있다. 친근감이 느껴진다.

2. 작성이 간단하다. 작성하는 데 시간이 걸리지 않는다.

단점도 있다.

1. 왠지 신뢰성이 떨어진다.

2. 글씨가 지저분한 경우, 읽기 어렵다.

그렇다면 컴퓨터를 사용해서 만든 전단은 어떨까. 장점은 다음과 같다.

1. 신뢰성이 있다. 확실한 회사가 운영하고 있다는 인상을 준다.

2. 읽기 쉽다. 보기에 좋다.

물론, 여기에도 단점은 있다.

1. 작성을 하기 위해 컴퓨터, 프린터, 소프트웨어 등의 도구와 기술이 필요하다.

2. 익숙하지 않을 경우에는 작성하는 데 시간이 걸린다.

3. 전단을 만든 사람의 마음이 전달되기 어렵다.

중요한 것은 '어느 쪽이 좋은가' 하는 문제가 아니라 업종이나 광
고의 내용에 맞게 만들어야 한다는 것이다.

컴퓨터를 사용해서 만들 경우에는 이것이 포인트

그렇다면 이런 점들을 감안해서 이번에는 컴퓨터를 사용하여 '심부름센터' 광고를 만들어보자.

그럼 작성한 전단을 살펴보자.

이 전단에서는 손으로 작성한 전단과 비교할 때 여러 가지 사항이 개선되어 있다.

1. 문자가 활자로 바뀌어 알아보기 쉽다. 이미지가 좋다.
2. '담당:돈벌레' 라는 식으로 담당자의 이름이 들어 있기 때문에 신뢰성이 향상되었다.
3. '도와드리지 못하는 일도 있습니다.' 라는 코멘트를 넣어 어느 정도 일을 선별하는 자세를 보이는 것으로 '확실하게 일하는 회사' 라는 인상을 심어줄 수 있다. 또, 현실적으로 바람직하지 못한 일 —미행이나 폭력 등— 을 피할 수 있다.
4. 전단 뒷면에 요금표가 있기 때문에 고객은 안심하고 일을 의뢰할 수 있다.
5. 전화가 24시간 개방되어 있어 최선을 다해 일하겠다는 의욕을 드러내 보인다.

혹시,

곤란하거나 어려운 문제는 없습니까?

무엇이든 도와드립니다!

컴퓨터 셜정/가정교사(초,중학생)

이삿짐 운반 / 청소 / 상품 구입 대행

쓰레기 대신 버리기 / 대화 상대

애완견 산책시키기 / 그 밖의 무슨 일이든!

※도와드리지 못하는 일도 있습니다.

일단 전화주세요!

080-1234-5678

담당: 돈벌레(심부름센터 '뭐든지')

전단 사례 2(컴퓨터를 사용하여 만드는 경우. 뒷면)

이용 요금표

기본요금 10,000원/시간당

● **잡일 · 대행 무엇이든** · · · **10,000원/시간당**

● **컴퓨터 출장 지도** · · · · · **15,000원/시간당**

● **가정교사(초 · 중학생)** · · · **20,000원/시간당**

※ **심야 요금(밤 12시-새벽 5시)**
· · · · · · · · · · **기본요금 플러스 5,000원**

※ **출장 무료.** 무슨 일이든 가벼운 마음으로
상담해 주세요!

**24시간
전화 OK!**

일단 전화주세요!
080-1234-5678

담당: 돈벌레(심부름센터 '뭐든지')

창업 1년만에 제대로 미쳐라!

물론, 영업시간은 당신이 일할 수 있는 시간대에 맞추어야 한다.

하지만 만약 '전업'으로 할 경우라면 반드시 24시간 체제로 영업을 해야 한다. 할증요금을 받을 수 있는 심야야말로 돈을 벌 스 있는 가장 적절한 시기일 가능성이 높기 때문이다.

또, 이 광고에서는 심부름센터 '뭐든지'라는 식으로 상호를 넣어보았다.

당신도 반드시 인상에 남는 상호를 사용해 보도록 하자. 여러 가지 상호를 생각해 보는 것도 푸치 창업에서의 즐거운 작업이다.

단, 상호는 이미 상표 등록이 된 명칭을 사용할 수는 없기 때문에 주의해야 한다. 어디선가 들어본 적이 있는 이름이라면 확인해 보는 것이 좋다.

푸치 창업 이렇게 하면 고객이 모인다!

전단을 배포하는 비결

자, 이제 전단이 완성되었으면 드디어 영업 개시다.

돈을 들이지 않고 전단을 배포하는 방법은 여러 가지가 있는데, 비용이 가장 적게 들어가는 방법은 '방문 투입'이다. 직접 전단을 가지고 돌아다니면서 각 가정의 우편함에 전단을 투입하는 것이다.

방문 투입을 할 경우에는 나름대로 타깃을 압축해 두는 게 좋다.

여유가 있어 보이는 단독주택을 중심으로 투입한다.

개인 병원에는 반드시 투입한다.

배포하는 도중에 혹시 의뢰가 들어올지도 모르니까 휴대전화는 반드시 가지고 다녀야 한다.

단, 방문 투입의 효과는 노력에 비해 효과는 낮은 편이다. 천 장의 전단을 투입하려면 상당한 노력이 필요하지만, 반응이 제로인 경우도 있다는 사실을 각오해야 한다.

반응이 나쁘면, 그 이유가 무엇인지 생각하고 다음 전단에 추가할 사항을 추가한다. 광고 문구를 바꾸는 것만으로도 반응은 꽤 달라질 수 있다.

방문 투입 이외에 이발소나 미용실처럼 사람들이 많이 모이는 가게의 책꽂이 등에 전단을 몇 장 놓아두는 방법도 있다. 이 경우에는, 한 장의 전단을 몇 사람이 돌려볼 수 있기 때문에 효율성이 높다.

자주 이용하는 가게 중에서 사람들이 많이 모이는 장소가 있다면 적극적으로 전단을 놓아두도록 하자.

푸치 창업 고객을 접대하는 비결!

기본은 '고객을 위해'

이제 기다리고 기다리던 의뢰 전화가 걸려왔다. 전화를 받을 때
는 다음 페이지에 소개하는 것처럼, 사업에서 중요한 몇 가지 포인
트를 확실하게 확인한 다음에 방문하는 방법을 이용해야 한다.

전화 대응은 자영업에서 매우 중요한 부분이다. 대응이 나쁘면
모처럼 들어온 일도 거품처럼 날아가 버린다. 가능하면 미리 몇 가
지 종류의 패턴을 가정해 두고 가족이나 친구를 상대로 연습해 두는
것이 바람직하다.

그렇다고 지나치게 긴장할 필요는 없다. 고객을 대하는 기본자세
는, 항상 고객의 입장에 서서 고객을 위해 최선을 다한다는 것이다.
이 기본자세만 갖추어져 있으면 된다.

그럼 실제 응용 사례를 살펴보자.

푸치 창업 고객의 의뢰 전화를 받는 방법

고객 : 저, 광고 보고 전화했는데요.

가게 : 네. 전화 주셔서 감사합니다. '뭐든지' 심부름센터의 돈벌
레입니다.

고객 : 저…. 비디오와 텔레비전을 연결하고 싶은데 해줄 수 있나
요? 새로 구입했는데 도매상에서 구입했더니 연결을 해주지 않았어
요. 회사에 전화했더니 설명서를 보고 직접 할 수 있다고 해서….

가게 : 네, 걱정하지 마십시오. 우선, 고객님의 성함과 전화번호
좀 가르쳐주시겠습니까?

고객 : ○○○라고 해요. 전화는 ○○○-○○○○이에요. 장소는 ○
○아파트 ○○○호이고요.

가게 : 감사합니다. 비디오 연결 문제이지요? 연결 코드는 있습니
까?

고객 : 그게, 모르겠는데요.

가게 : 그럼 우선 찾아뵙고 상태를 확인한 다음에 필요한 물건이 있으면 구입해서 작업하도록 하겠습니다. 괜찮겠습니까?

고객 : 네, 부탁해요.

가게 : 그럼 지금 찾아뵙겠습니다. 방문을 하면 일단 기계를 확인해 보겠습니다. 코드가 필요한 경우에는 제가 구입하겠습니다. 구입 비용은 고객님이 부담하셔야 합니다. 또, 서비스 시간은 댁에 도착해서 작업이 끝날 때까지입니다. 코드를 구입하기 위해 나갔다 오는 시간도 여기에 포함됩니다. 출장 요금은 무료이고, 서비스 요금은 한 시간 이내라면 만 원입니다. 그리고 30분마다 3천 원씩 추가되니까 그렇게 이해하시면 됩니다. 지급은 작업이 끝나고 현금으로 주시면 됩니다. 괜찮겠습니까?

고객 : 네, 알았어요. 부탁할게요.

가게 : ○○아파트라면 앞으로 20분 정도면 도착할 것 같군요. 조금만 기다려주십시오. 전화 주셔서 감사합니다.

🏃 전화를 받을 때의 포인트

1. 전화를 받으면 우선 자신의 이름을 밝힌다. 담당자가 확실하다는 점 때문에 고객은 마음을 놓는다.

2. 가능하면 빨리 고객의 이름과 전화번호를 확인한다. 이것은

휴대전화를 사용하는 경우에 전파 방해 같은 돌발적인 문제가 발생해서 전화가 끊어져 연락을 할 수 없는 상황에 대처하기 위한 방법이다.

3. 어떤 일을 의뢰하는지 그 내용을 묻고 대응이 가능한지 판단한다. 대응할 수 없는 일이라면 정중하게 거절한다.

4. 의뢰받은 일을 실제로 처리할 현장을 상상하고 혹시 발생할 수 있는 문제에 대해 미리 대처해 둔다.

5. 작업 내용과 요금에 대해, 또 연장 요금이나 지급 방법에 대해 명확하게 해둔다. 가능하면 "대략 2만 원 정도면 충분할 것 같습니다."라는 식으로 대강의 견적을 알려주면 이용자는 마음을 놓을 수 있고 신뢰감도 향상될 것이다.

드디어 방문! 주의해야 할 점과 돈을 받는 방법은?

전화 의뢰가 끝나면 드디어 방문이다.

이번 일은 '비디오와 텔레비전 연결'이니까 복장에 크게 신경 쓸 필요는 없지만 그래도 말끔한 복장으로 방문을 하면 믿음이 가, 고객이 다른 일도 의뢰할 가능성이 있다. 따라서 복장뿐 아니라 헤어스타일도 불결하지 않도록 주의해야 한다.

또, 인사나 대응은 활기 있고 정중하게 한다.

일이 끝나면 일단 그 사실을 확인시킨다.

"이제 끝났습니다. 확인해 보시지요."

그리고 요금을 정산한다.

"한 시간 안에 끝났으니까, 요금은 만 원입니다."

이렇게 확실하게 요금을 알리고 대금을 받은 다음에 영수증을 발행한다. 영수증은 문구점에서 구입해서 항상 휴대하고 다닌다. 영수증을 확실하게 발행하면 고객에게 '프로'라는 인식을 심어주어 다음 일과 연결될 가능성이 높아진다.

믿음직한 인상을 심어주어 보다 많은 고객을 확보하는 것은 수익을 올리는 비결이다.

고마워요,
심부름센터 아저씨

불편한 문제가 있으면 언제
든지 불러주세요

'심부름센터' 야말로 푸치 창업의 기본

'심부름센터'에는 두 가지 장점이 있다.

하나는 일이 일을 부르는 연쇄 반응이 발생하여 끊이지 않고 일이 들어온다는 것이고, 또 하나는 이 일을 통해서 얻은 노하우를 다른 사업에 응용할 수 있다는 것이다.

예를 들어, 당신이 영수 씨로부터 '아이 보기'라는 일을 의뢰받아 영수 씨의 집을 방문했다고 하자. 영수 씨의 집은 꽤 지저분한 상태였다. 바닥도 너저분하다. 너무 바빠서 청소할 시간도 없어 보인다.

영수 씨가 미안한 표정으로 말한다.

"죄송해요. 집이 지저분해서. 워낙 바빠서 청소할 시간도 없지 뭐예요."

이때 당신은 기회를 놓치지 말고 즉시 자기가 할 수 있는 일을 선전한다.

"그렇군요. 힘드시겠어요. 저는 청소 대행도 하고 있으니까 다음에 한번 이용해 주십시오."

즉, '청소 대행'이라는 업무를 선전하는 것이다.

'심부름센터'야말로 푸치 창업의 기본이다. '심부름센터' 일을 하는 것으로 이 세상에 어떤 수요가 있는지 확인할 수 있다.

그런 수요를 포착하는 것으로 사업 기회가 확대된다. '심부름센터'를 운영하면서 얻은 '아이디어'가 억 단위의 돈을 벌어들일 수 있는 비즈니스로 활용되는 경우도 있다.

이번 장 마지막 부분에서는 그런 아이디어를 얻을 수 있는 비결을 소개하고 싶다.

"주어진 일을 최선을 다해 처리할 것."

이것이 그 비결이다.

성공법의 권위자로 유명한 나폴레옹 힐의 말에 다음과 같은 내용이 있다.

"항상 보수 이상의 일을 하라."

성공한 사람들은 모두 주어진 일을 최선을 다해 처리한 결과, 다시 말해 보수 이상의 일을 한 결과, 현재의 위치에 오를 수 있었다. 주어진 일을 대충 처리해서는 그 사업은 발전할 수 없다.

아무리 보잘것없는 일이라고 해도, 아무리 기분에 맞지 않는다고 해도 그 일에 최선을 다할 수 있어야 사업은 발전하고 새로운 아이디어가 떠오른다.

'심부름센터' 일은 당신을 능력 있는 비즈니스맨으로 만들어줄 것이다.

Q 집에서 빵을 만들어 주변 사람들에게 파는 사업을 생각했어
요. 이 사업을 시작하려면 자격이나 허가가 필요한가요? 가르
쳐주세요.

A 자기가 하고 싶은 사업에 필요한 준비, 또는 필요한 자격이나
허가는 직접 조사해 보십시오!

사업에 필요한 준비, 또는 필요한 자격이나 허가에 대해서는 기본적으로
다른 사람에게 의뢰하지 말고 직접 조사해 보는 것이 좋습니다. 직접 조사
를 하는 동안에 자기가 하려는 비즈니스의 중요한 포인트를 이해할 수 있
게 되고, 새로운 사업 아이디어를 얻을 수 있기 때문입니다.

대부분의 사업은 무허가, 무자격으로 개업할 수 있습니다. 저 자신을 예
로 든다면 학력은 고졸이고 교사 자격증도 없지만 10년 이상 학원을 경영
하면서 아이들을 가르치고 있습니다. 뜻밖이라고 생각하실지 모르지만 학
원에서 공부를 가르치는 데는 특별한 자격은 필요하지 않습니다. 최근에
인기를 얻고 있는 '미용마사지'도 질병 치료가 목적이 아니라면 무허가로
영업할 수 있습니다.

자택에서 빵을 구워 파는 사업에 대한 말씀인데, 이것은 식품과 관련이
있는 사업으로 사람의 생명과 관련이 있기 때문에 엄격한 법적 규제가 있
습니다. 말씀하신 '빵 가게' 즉, 제과점을 개업하는 경우에는 식품위생법
상 '휴게음식점업'에 속하기 때문에 허가가 필요합니다.

우선, 가까운 시군구청에 '영업 허가 신청서'를 내시고 시설 배치도를 제
출해야 합니다. 또, 교육 시행 단체인 대한제과협회의 '신규 업주 위생 교
육'을 받으면 '교육필증'이 교부됩니다. 단, 시설물이 지하일 경우에는 화
재 예방을 위한 시설을 갖추고 소방서의 허가를 받아야 합니다.

이처럼 사업에 따라서는 자격이나 허가가 필요한 경우가 있기 때문에 미

리 조사하는 것이 좋습니다. 독단적으로 판단하거나 다른 사람에게 문의하지 말고 일단 직접 자세히 조사해 보는 것이 중요합니다.

05 푸치 창업에서 성공을 거두는 포인트

남는 시간을 활용하여 푸치 창업을 할 수는 없는지, 지금 가지고 있는 물건을 활용하여 푸치 창업을 할 수는 없지를 생각해 보자!

앞에서는 '심부름센터' 라는 사업을 통하여 푸치 창업의 기본을 배웠다. 지금부터는 '하세가와식 사업 창조 엔진' 을 풀가동시켜 다양한 사업을 창출하면서 푸치 창업에서 성공을 거두는 포인트를 소개하기로 한다.

이번 장에서도 역시 '푸치 창업을 위한 일곱 가지 발상법' 의 첫 번째에 해당하는 다음과 같은 내용을 바탕으로 사업을 창출하는 방법을 생각해 보기로 한다.

지금 일에서 사용하고 있는 기술을 활용하여 푸치 창업을 할 수는 없는가? 지금 할 수 있는 일로 푸치 창업을 할 수는 없는가?

앞에서 영수 씨가 무슨 불만을 드러냈는지 떠올려보자. 영수 씨는 너무 바빠서 청소할 시간이 없다고 불만을 이야기했다. 요컨대 당신은 바빠서 청소를 할 수 없다는 영수 씨의 난처한 상황을 발견한 것이다. 그렇다면 영수 씨의 불만을 해소할 수 있는 새로운 사업을 창출해 내야 한다. 그것은 '청소 대행서비스' 이다.

청소 대행서비스

실전 2

일이 바빠서 제대로 청소를 하지 못하는 사람들을 대상으로 삼은 '청소 대행서비스.' 최근에는 단순히 바쁘다는 이유에서만이 아니라 그 방법을 몰라서 방 정리를 게을리 하는 사람도 많이 있다.

이 일에는 청소를 하는 방법을 가르쳐주는 역할이 있고, 방 정리를 제대로 할 수 없는 이유나 고민을 들어주는 카운슬러 같은 역할도 있다.

 '청소 대행서비스' 개업 준비   1. 전단 만들기

'심부름센터'와 마찬가지로 '청소 대행서비스'도 일단 전단부터 만들어야 한다. 이것 역시 기본적으로는 직접 작성하는 것으로 충분하다.

여기에서는 '청소 대행서비스'라는 상호를 사용하여 직접 작성하는 전단을 만들어보았다. 이 전단의 목적은 우선, 고객과 만나는 것, 고객의 집을 방문하는 것이다.

고객이 가벼운 마음으로 전화를 걸어, 일단 집으로 와달라고 말할 수 있는 분위기를 조성한다는 목적으로 만든 것이 다음의 전단이다.

'청소 대행서비스'에서는 고객과 커뮤니케이션이 매우 중요하다. 고객을 만나 고객과 대화를 나누고 상담을 하면서 방을 정리하는 것이니까 고객의 입장에서는 다른 사람에게 보이고 싶지 않은 부분, 또는 지저분한 방이라는 '치부'를 드러내 보이는 것이기 때문에 어떤 의미에서는 '카운슬러' 같은 역할도 요구된다.

엉망이 되어버린 **당신의 방**
깨끗하게 **정리해 드립니다!!**

민을 수 없다!! 불과 3 시간 ―
당신의 방이 깨끗하게 달라집니다.

☆ 일단 이용해 보세요. 견적은 무료!

① 우선 전화 주세요 → ② 직원이 방문해서 무료로 견적을 내어 드립니다 → ③ 새로 태어나는 당신의 방

견적 무료 **080-1234-5678**
청소 대행 서비스

맡겨 주십시오
즉시!! 달려갑니다.   담당: 돈 벌레

고객과의 신뢰 관계를 구축할 수 있다면 시간이 지난 뒤에 또 지저분해졌으니까 다시 한 번 정리해 달라는 재의뢰가 들어올 가능성이 높다.

 '청소 대행서비스' 개업 준비 2. 연습

이 일에는 어느 정도의 비결이 필요하다.

당신 자신이 청소를 즐겨야 하고 정리, 정돈하는 기술에 자신이 있다면 당장이라도 시작할 수 있지만 가능하면 미리 연습해 두는 것이 좋다.

대부분의 사업은 직접 실행해 보지 않고는 알 수 없다. 시작하기 전에는 간단하게 보였던 일이 막상 시작해 보면 뜻밖으로 어려운 상황에 부딪힐 수 있고 시작하기 전에 어려워보였던 일이 막상 시작해 보면 뜻밖으로 간단한 경우도 있다.

연습 방법으로는, 당신 친구 중에 방이 항상 지저분한 사람을 찾아가 공짜로 정리해 주는 것이 좋다. 아마 친구는 당신의 이 제안을 거절하지 않을 것이다.

적당한 친구가 없는 경우에는 세 명 정도의 고객까지는 므료로 청소 대행을 해주어 그들의 의견을 들어보는 것도 좋은 방법이다. 고객이 마음에 들어 한다면 선전을 해줄 테고 당신은 기술이 향상된다.

🏃 '청소 대행서비스'의 순서 방문, 청소 계획 작성

의뢰 전화를 받으면 고객의 집을 방문해서 그 '참상'을 확인한다.

확인하는 동안에 청소하는 데 필요한 시간, 도구 등을 생각하고 비용 견적도 낸다. 그리고 고객의 희망 사항도 세심하게 듣는다.

방에 있는 물건에 대해서도 가능한 한 자세한 설명을 듣는다. 당신의 눈에는 '쓰레기'로 보이는 것도 고객의 입장에서는 '보물'에 해당하는 경우도 있기 때문이다.

또, 청소를 하는 사람의 기호를 강요해서는 안 되니까 최종적으로 어떤 식으로 청소를 해야 고객이 만족할 것인지 진지하게 생각하고 고객과 충분히 상담한 뒤에 고객이 납득할 수 있는 '청소 계획'을 작성해야 한다.

'청소 계획'이 완성되었으면 그것을 고객에게 보여준다.

고객으로부터 시작해 달라는 전화가 걸려오지 않는다면 이 계획은 물거품으로 돌아간다. 청소 계획은 팩스로 보내는 것도 좋은 방법이지만 가능하면 직접 가지고 찾아가 계획을 설명하는 것이 좋다. 그렇게 하면 성공할 확률이 높아진다.

견적 금액은 시간당 15,000원 정도로 환산했다. 좀 더 저렴하게 할 수도 있을 것이다.

또, 시간을 초과한 경우에도 추가 요금은 받지 않는 시스템을 적용해야 고객이 불안해하지 않는다.

청소 계획

당신의 방을 깨끗하게
정리해 드립니다!!

작업 NO.	작 업 내 용
①	우선 필요없는 물건을 버립니다.
②	책이 많으면 책꽂이에 깨끗하게 정리합니다.
③	작은 물건들이 많으면 선반과 상자를 활용하여 정리합니다.
④	어지럽히면 지저분해지지 않도록 자리가 고려해 드립니다.

※ 소요시간 : 약 4시간 (초과요금은 없습니다)
※ 견적 금액 : 40,000 원 (선반은 실비를 받습니다)
※ 견적을 주시면 작업 가능한 시간을 알려드립니다.

청소대행 080-1234-5678 (담당 ; 돈 벌레)

🏃 '청소 계획'의 포인트는 '카운슬링'

○○씨를 대상으로 작성한 '청소 계획'의 포인트는 마지막 부분에 있는 내용이다.

4. 이전처럼 지저분해지지 않도록 저희가 조언해 드립니다!

사실, 고객의 입장에서 보면 이것이 커다란 매력이 될 가능성이 있다.

방을 제대로 정리하지 못하는 사람은 정리, 정돈을 하지 못하는 것이 자신의 성격적 결함이라고 생각한다. 따라서 가능하면 누군가에게 조언을 들으려 한다. 그렇기 때문에 조언을 해주는 서비스를 포함하면 상당히 좋은 반응을 얻을 가능성이 높다.

"청소도 해주고 조언까지 해준다면 한번 이용해 볼까?"

이렇게 생각하게 되는 것이다.

이 계획을 실행할 경우, 고객이 지출해야 하는 비용은 당신에게 지급하는 비용에 선반이나 책장, 정리용 상자 등도 포함된다. 하지만 선반이나 정리용 상자는 재활용 매장의 물건을 구입해서 저렴하게 이용할 수 있다.

이런 점들을 포함하여 계획을 자세히 설명하고 고객에게 조언도 해준다면 고객은 틀림없이 당신의 팬이 될 것이다.

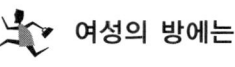 **여성의 방에는 여성이,**
남성의 방에는 남성이 방문하는 것이 원칙

'청소 대행서비스'의 포인트로서 여성의 방은 여성이, 남성의 방은 남성이 정리하는 것을 기본으로 생각해야 한다. 당신이 기혼자라면, 또는 애인이 있다면 고객의 성별에 맞추어 파트너와 함께 일을 분담하는 것도 좋은 방법이다.

주부를 대상으로 삼는 청소 대행서비스

실전
3

가정주부를 대상으로 삼는 청소 대행서비스는 단순히 청소를 대행해 줄 뿐 아니라 고장 난 전기 제품 수리 등 바쁜 주부가 평소에 하고 싶어도 하지 못했던 다양한 잡일을 대행해 주는 사업으로 발전시킬 수도 있다.

 주부들의 고민을 바탕으로 전단을 만든다!

푸치 창업을 위한 사업. 이번에는 '청소 대행서비스'에서 주부를 대상으로 삼는 경우를 소개해 보자.

전단의 주요 문구는 직접적으로 '청소를 도와드립니다!'로 정해 보았다.

일상생활에서 손을 대고 싶어도 좀처럼 청소를 할 수 없는 장소는 어디일까?

아내에게 이렇게 물어보자 다음과 같은 대답을 들을 수 있었다.

"글쎄요. 가스레인지 주변의 찌든 때나 환기통의 먼지, 바닥의 왁스…. 그런 것이겠지요."

그래서 이런 현장의 의견을 바탕으로 전단을 만들어보았다.

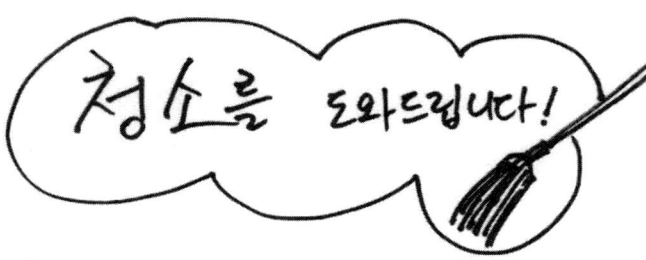

청소! 해야하는데 귀찮으시죠.

주방의 찌든 때 / 환기통의 먼지 / 창문
화장실 등 …

당신의 고민을 말끔하게 해결해 드립니다.

080-1234-5678

무엇이든 도와드리는 청소 대행 서비스
담당 : 돈벌레

일단 전화 주세요!!

안심하실 수 있는 최저 비용 1시간 10,000원

전단을 만들면 가능성이 높은 고객에게 배포하거나 방문 투입한다. 방문 투입하는 경우에는 역시 여유가 있어 보이는 단독주택, 개업 병원, 회사 사장 집, 상점주인 등을 의식하여 배포, 전단의 낭비를 줄인다.

사업이 성사될 때까지의 접근 방법에 대해서는 앞에서 소개한 '청소 대행서비스'를 참고하면 된다.

 CM 아이디어.1 전단을 포스터로 만들자!

이번에는 선전 아이디어 하나.

만든 전단을 비닐로 감싸서 담이나 눈에 띄는 장소에 붙이면 즉시 포스터가 된다. 비닐로 감싸는 이유는 당연히 빗물을 방지하기 위해서다. 약간의 비용이 들어가지만 컬러 복사용지를 사용하면 눈에 잘 띈다. 이것은 포스터와 전단의 상승효과를 노리는 선전 방법이다.

남의 집 담에 붙여야 하는 것이니까 당연히 미리 집 주인에게 허락을 받아야 한다. 이때 너무 집요하게 붙이게 해달라고 조르면 뭔가 수상쩍은 사람이라는 오해를 받을 수 있다. 또, 눈에 잘 띈다는 이유로 전신주에 붙이는 것은 범법 행위다.

사업을 할 때는 일단 적극적인 자세를 갖추어야 한다. 포스터를 붙이는 동안에 일이 들어오는 경우도 있다.

 CM 아이디어.2 '팩스 광고'를 이용해 보자!

전단을 팩스로 배포하는 것도 상당히 효과적인 방법이다. 한 번 서비스를 이용한 고객에게는 반드시 팩스 번호를 물어보고 정기적으로 다양한 서비스 종류를 팩스로 송신한다.

단, 팩스를 수신하는 쪽은 용지비용이나 잉크 비용 등 원하지 않는 돈이 들어가기 때문에 너무 자주 송신하는 것은 피해야 한다. 한 달에 한 번 정도가 적당하다.

그러나 여기에 재미있는 그림이나 메시지, 기사 내용 등을 포함하여 받는 사람이 즐거워할 수 있는 내용을 연구하면 오히려 자주 보내달라는 요청을 받을 수도 있다.

사업은 어떤 경우이든 아이디어가 중요하다.

🏃 아르바이트를 시작하기 전에 푸치 창업을 생각해 보자!

다음에는 푸치 창업을 위한 두 번째 발상법을 이용하여 사업을 창출해 보자.

남는 시간을 활용하여 푸치 창업을 할 수는 없는가? 지금 가지고 있는 물건을 활용하여 푸치 창업을 할 수는 없는가?

즉, 남는 시간이나 물건을 사업에 이용할 수는 없는지 생각해 보는 발상법이다.

우선, 남는 시간을 활용한 푸치 창업에 대해서인데, 당신의 남는 시간을 아르바이트에 활용하는 형식으로 다른 경영자에게 함부로 제공해서는 안 된다. 앞의 칼럼에서 설명한 대로 아르바이트는 푸치 창업이 아니다. 어디까지나 남는 시간을 활용하여 할 수 있는 일을 직접 창출해 내는 방법을 생각해야 한다.

예를 들어, 당신이 아침 일찍 일어날 수 있는 경우에 신문 배달을 생각하는 것은 아르바이트 발상이다.

푸치 창업의 발상으로는 이렇게 생각한다.

"그래. 모닝콜센터를 만들어서 사람들이 즐거운 기분으로 일어날 수 있도록 도와주는 일을 해보자!"

신문 배달 아르바이트로는 손에 들어오는 수입이 한정되어 있다. 한편, '모닝콜센터'라는 새로운 사업을 시작하는 경우, 그 사업이 히트를 치게 되면 큰 회사를 만들 수도 있다. 바로 이런 점에 푸치 창업의 매력과 파워가 존재한다.

🏃 불필요한 물건은 팔거나 임대한다. 이것도 푸치 창업이 된다!

일단 여기에서는 지금 가지고 있는 물건을 활용하여 푸치 창업을 할 수 있는 방법이 무엇인가에 초점을 맞추어 사업을 창출해 보자.

사람들은 수많은 물건에 둘러싸여 생활하고 있다. 어떤 통계에 의하면, 사람은 평균 1만 개의 물건을 소유하고 있다고 한다. 내 경우, 책만 해도 1만 권이 넘기 때문에 소유물은 그보다 훨씬 더 많다. 그러나 이 1만 개의 소유물이 모두 필요한 물건일까. 불필요한 물건도 많을 것이다.

그렇다면 그 불필요한 물건을 이용하여 돈을 버는 방법은 없을까?

물론, 단순히 생각할 수 있는 사업은 '재활용품 판매'다. 주변에 있는 불필요한 물건을 돈으로 바꾸는 것이다. 불필요한 물건을 판다는 것을 기본 방침으로 삼아두면 별로 필요하지도 않은 물건을 쉽게 구입하는 나쁜 버릇도 고칠 수 있다. 또, 불필요한 물건을 팔게 되면 자연스럽게 주변이 정리되기 때문에 일거양득이다.

불필요한 물건을 팔 경우, 단순히 팔기만 하는 것이 아니라 가능하면 많은 이익을 올릴 수 있도록 여러 가지로 연구해야 한다.

또, 당신이 가지고 있지만 현재 사용하지 않는 물건 중에 빌려줄 수 있는 물건은 없는가 하는 것도 생각해 본다면 '물건 임대'도 생각할 수 있다.

이 점에 대해서도 실례를 들어가면서 푸치 창업을 생각해 보도록 하자.

실전 4 불필요한 물건(재활용) 판매사업

 우선 주변의 불필요한 물건을 팔아보자!

1997년, 나 자신이 인터넷을 사용하여 푸치 창업을 했을 때, 처음으로 손을 댄 것이 '불필요한 물건 판매'였다. 듣기 좋게 표현한다면 '재활용사업'이다.

경영하고 있던 학원의 문을 닫았을 때, 교실에서 사용하던 대량의 소형 액정모니터가 필요 없게 되었기 때문에 그것을 판매했다. 액정모니터는 당시에 인기는 꽤 있었지만 고가의 상품이었는데, 이것을 시가의 10분의 1정도 가격으로 팔기로 했다.

판로는 당시에 그다지 일반적이지 않았던 '메일매거진'을 이용하여 상품 ─중고 액정모니터─ 선전을 해서 통신판매를 하기로 정했다.

"그래. 큰 반응은 기대하기 어렵지만 일단 시도해 보자."

이런 생각으로 당시에 구독 수가 불과 4백 부 정도에 지나지 않았던, 내가 발행하는 메일매거진에서 그 상품을 광고해 보았다. - 당시에는 인터넷 경매는 아직 일반화되지 않았다-

그런데 메일매거진 광고의 반응을 나는 지금도 잊을 수 없다. 메일매거진을 발행한 지 30분도 지나지 않아 상품을 사고 싶다는 대량의 회답이 있었던 것이다.

결국 나는 며칠 만에 30대 정도였던 액정모니터를 모두 판매, 불필요한 물건을 돈으로 바꾸는 데 성공했다.

대상 고객을 압축하여 가능하면 비싼 가격으로 팔아라!

한편, 나는 최근 들어 인터넷 경매를 통해서 30년 전의 만화책을 구입했다. 1965년경의 〈소년 선데이〉와 〈소년 킹〉이라는 추억의 만화책이다. 당시의 가격은 한 권에 600원이었지만 내가 구입한 가격은 한 권에 3만 원이었다.

집에 도착한 만화책은 냉정하게 볼 때, '쓰레기'였지만 내 입장에서는 추억이 깃든 보석처럼 귀중한 것이었다. 그 안에 실려 있는 만화, 그리고 당시에 초등학교 저학년이었던 내가 사고 싶어도 살 수 없었던 장난감 광고 등을 들여다보고 있으면 마치 타임머신을 타고 과거로 돌아간 듯한 감각이 느껴진다.

30년 전에 600원이었던 만화책이 3만 원. 50배나 가격이 뛰었다. 지금 팔고 있는 만화책도 잘 보관해 두면 30년 후에는 매니아들이 50배의 가격으로 구입해 줄지 모른다.

이처럼 물건에 대한 가치관은 사람에 따라 크게 다를 수 있다. 보통사람에게는 단순한 쓰레기처럼 보이는 것이 매니아의 입장에서는 보물인 경우도 있다. 그러니까 중고 서적을 파는 경우에도 간단히 중고 서적 판매점으로 가져가서는 안 된다.

예를 들면, 다음과 같이 대상 고객을 압축하여 조금이라도 더 비싼 가격에 팔 수 있는 연구를 해야 한다.

이 책을 원하는 사람을 찾아서 비싼 가격에 직접 팔 수는 없을까?

가격이 비싸도 사고 싶어 하는 사람을 찾을 수는 없을까?

세트로 팔면 더 많은 가격을 받을 수 있지 않을까?

중고 서적뿐 아니라 어떤 물건을 다루든 기본적인 사고방식은 마찬가지다.

아주머니, 곰 인형
사지 않을래요?

네, 전에 사귀던 남자한테
받은 거예요.

'보물' 발굴 사업에 도전한다!

또, 당신 개인의 소유물뿐 아니라 당신의 집에 무엇인가 '보물'은 없는지 살펴보는 것도 좋다.

당신이 시골 농가에 살고 있다면 '창고'를 뒤져보는 것도 재미있을 것이다. 어쩌면 뜻밖의 '보물'을 발견할 수도 있다.

또, 인터넷 경매에는, 매니아의 입장에서 보면 매우 귀중한 골동품인데 출품자가 그 가치를 모르기 때문에 거의 공짜나 다름없는 가격으로 내놓는 경우가 있다. 이것을 저렴한 가격에 구입해서 매니아에게 비싼 가격으로 팔 수 있다면 사업이 된다. 이처럼 가치관의 차이를 이용한 사업도 재미있다.

 ## 대인 판매를 해본다!

나는 인터넷을 이용하여 불필요한 물건을 판매했지만 더 간단한 방법으로서 대인 판매가 있다. 직접 물건을 가지고 거리로 나가 사람들에게 파는 것이다.

인터넷 통신판매, 또는 인터넷 경매로 물건을 파는 경우에는 우송료, 대금 회수, 노동력 이라는 세 가지 문제가 발생한다. 통신판매는 매수인과의 연락이 번거롭다는 점 등 물건을 팔기까지 수속이

전단의 예 (대인 판매)

빨리 사는 사람이 임자!!
마음껏 구경하세요!!

우리집 불필요한
물건을 팝니다!

＊ 2004년 10월 30일 (일요일)
아침 10:00 ~

컴퓨터 30만원 / 컴퓨터 책상 5천원
만화책 300원~ / 텔레비전 (잘 나옵니다) 3만원
CD 1천원 / 중고 의류 다수.
브랜드 핸드백 10만원 우터 / 그 밖의 여러 종류.

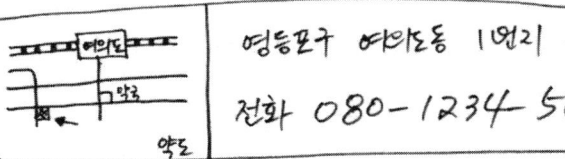

영등포구 여의도동 1번지 돈 번데
전화 080-1234-5678

약도

성가시고 우송료가 첨가되는 만큼 상품 가격이 올라가며 대금을 회수하는 것이 귀찮다.

"인터넷을 통해서 후불로 받기로 하고 물건을 팔았습니다. 하지만 대금이 제대로 들어오지 않아 골치가 아픕니다."

이런 문제도 발생할 수 있다.

상품 인도나 대금 회수를 생각하면 '대인 판매'를 이용해서 직접 물건을 파는 것은 빠르고 확실한 방법이라고 할 수 있다.

불필요한 물건 판매를 지속적인 사업으로 만들기 위한 방법

자기가 소유하고 있던 불필요한 물건을 판매하는 사업은 불필요한 물건들이 모두 팔리는 순간, 사업은 막을 내린다. 이것을 좀 더 오랜 시간 동안 사업으로 활용하려면 불필요한 물건을 구입해서 판매하는 방법이 있다. 불필요한 물건을 구입에서 판매까지 종합적으로 실행하는 '재활용 상점'으로 발전시키는 것이다.

이때 자신의 특기 분야나 전문 지식을 활용하면 단순한 재활용 상점이 아니라 보다 매력적인 사업을 전개할 수 있다.

예를 들어, 컴퓨터에 밝은 사람이라면 중고 컴퓨터를 구입해서 부품을 교환하여 비싼 가격에 파는 사업도 가능할 것이다.

약간의 연구를 하는 것으로 사업은 또 다른 빛을 낼 수 있다. 그 '약간의 연구'로 고객들의 반응을 완전히 바꿀 수 있는 것이 푸치 창업의 재미다.

푸치 창업이든 요리든 약간만 연구하면 완전히 바뀔 수 있군.

쓸데없는 짓을 해서 음식을 버리게 되는 경우도 있어요. 이상한 것 넣지 마요.

인터넷 경매를 마음껏 활용하자!

불필요한 물건 판매나 구입에서 큰 힘을 발휘하는 것이 인터넷 경매다.

나는 인터넷 경매에서 가게를 감시할 때 사용하는 '감시카메라'를 구입했다. 이 감시카메라는 신품이라면 카메라와 전원 장치 세트로 200만 원 이상을 주어야 구입할 수 있지만, 나는 인터넷 경매에서 불과 20만 원에 낙찰을 받았다.

아마, 문을 닫은 가게에 부착되어 있던 감시카메라를 업자가 거의 공짜로 사들여 전매한 것인 듯하다. 이처럼 인터넷 경매에서는 상식에서 벗어난 가격으로 물건을 구입할 수 있는 경우가 많다.

푸치 창업을 할 때, 필요한 도구는 우선 인터넷 경매에서 찾아 구입하는 습관을 들이도록 하자.

또, 인터넷 경매를 자주 이용하다 보면 구입에서 판매까지 일괄적으로 처리하는 '재활용사업'을 통해서 돈을 벌 수도 있다. 경매를 통해 구입해서 다시 경매를 통해서 파는 것이다.

재활용사업은 전문 지식과 사업 감각이 매우 중요한 분야다. 당신이 어떤 분야에서 어느 누구에게도 지지 않는 전문 지식을 가지고 있다면 인터넷 경매를 이용한, 전문적인 '재활용사업'도 실행해 볼 수 있다.

사용하지 않는 물건 임대사업

실전 5

이번에는, 불필요한 물건을 파는 것이 아니라 임대하는 임대사업을 생각해 보자.

🏃 혼자서도 할 수 있다! 오토바이 임대사업

그럼, 임대사업의 구체적인 사례를 통해서 B씨가 하고 있는 '오토바이 임대사업'을 소개해보자.

B씨는 일찍이 대형 오토바이를 타는 것이 취미였다. 그러나 결혼을 계기로 타지 않게 되었다. 결혼 조건으로 오토바이를 타지 않겠다고 아내와 약속했기 때문이다.

그는 매니아들이 군침을 흘리는 멋진 오토바이를 가지고 있다. 그러나 이용하는 사람이 없는 지금, 그 오토바이는 먼지를 뽀얗게 뒤집어쓰고 창고 안에서 잠을 자고 있다.

B씨는 어느 휴일, 오랜만에 먼지투성이인 오토바이를 손질하면서 문득 그것을 임대해 보는 것이 어떨까 하는 생각을 했다.

B씨는 집 앞에 이런 포스터를 붙였다.

"오토바이를 임대합니다."

그러자 오토바이 매니아들이 하나 둘씩 모여들었다. 임대 요금은 하루에 10만 원. 여러 명의 오토바이 매니아들이 경쟁을 하듯 빌렸기 때문에 그는 한 달에 평균 50만 원 이상의 임대료를 챙길 수 있게 되었다.

오토바이 임대사업을 하려면, 만약의 사고에 대비하여 보험도 들어야 하며 부상을 당하거나 파손시킨 경우에는 어떤 식으로 처리할 것인지 규정도 만들어야 한다. 그 때문에, 준비하는 과정에 약간의 시간과 일손이 필요하지만 개업만 하면 꽤 확실한 사업을 전가할 수 있다.

당신이 사용하지 않는 오토바이를 가지고 있다면 임대사업을 검토해 보는 것도 좋을 것이다.

왜 저런 손님만 와요?

뭐든지 빌려드립니다! 임대사업 전단 사례

앞에서 소개한 '오토바이 임대'는 특수한 경우이고 개업을 하려면 품이 많이 들어간다.

이번에는 '뭐든지 빌려드립니다'라는 간단한 임대사업 전단을 만들어보았다. 당신이 소유하고 있는 물건 중에서 빌려줄 수 있는 물건은 뭐든지 빌려주는 사업을 하기 위한 전단이다.

컴퓨터, 프린터, 디지털카메라, 시계, 옷, 구두, 가방, 자동차, 오토바이, 자전거, CD플레이어, 악기 등 불필요한 물건을 창고에 넣어두기만 하면 아무런 도움이 되지 않는다. 무엇이든 임대를 해서 수입을 올릴 수 있는 방법을 생각해 보자.

아, 그렇다고 애인이나 부인, 아이까지 빌려주면 안 된다.

또, 당신 자신을 임대하는 일이 없도록 조심해야 한다.

전단 사례 (뭐든지 빌려드립니다)

와! 저거 갖고싶다! 하지만 잠깐!!
구입하는 것 보다 빌리는 쪽이 훨씬 쌉니다.

뭐든지
빌려 드립니다!

ㅁ 노트북 컴퓨터 ···· 2 만원 / 1 일
ㅁ 데스크탑 컴퓨터 ···· 1 만원 / 1 일
ㅁ 컬러 프린터 ···· 5 천원 / 1 일
ㅁ 아기용 침대 ······ 1 만원 / 1 일
ㅁ 유모차 ···· 3 천원 / 1 일
ㅁ 그 외 (무엇이든 바로 전화 주세요)

전화 080 - 1234 - 5678
돈 벌레 렌 탈

푸치 창업을 하고 싶은데 실패할지 모른다는 생각에 실행에
옮길 수 없어요.

개업 자금과 운영비를 제로에 가깝게 억제하면 실패해도 전혀
충격이 없습니다. 용기를 내서 도전해 보십시오.

사업에서의 '치명적인 실패'는 거액을 빚지고 가게를 시작했다가 문을 닫
게 되는 비참한 상황에 빠지는 것을 의미한다고 생각합니다.

그러나 내가 제안하는 푸치 창업에서는 치명적인 실패가 없습니다. 왜냐
하면 개업할 때 자금을 거의 투자하지 않고, 또한 본업에서 수입을 올리면
서 부업 형식으로 사업을 하는 것이 푸치 창업이기 때문입니다.

당신이 푸치 창업을 했을 때, 설사 그 사업에서 수입이 전혀 들어오지 않
는다고 해도 그것은 '실패'가 아닙니다. 당신은 현재의 생활수준을 유지하
면서 다른 사업에 도전할 수 있는 여력을 그대로 유지하고 있기 때문입니
다. 그런 여력이 있는 한, '실패'는 아닙니다.

푸치 창업을 할 때, 가장 주의해야 할 점은 개업할 때 가능하면 돈을 들
이지 말아야 한다는 것입니다. 신중하게 업종을 선택하고 지혜를 짜내어
개업 자금을 제로에 가깝게 억제하십시오.

또, 운영 자금이 많이 들어가는 사업은 피해야 합니다. 구체적으로 말한
다면, 처음부터 사람을 고용해야 하는 사업은 피하라는 것입니다.

이런 원칙만 지키면 사업이 성공할 때까지 몇 번이든 재도전할 수 있습니
다.

시작한 사업이 뜻대로 풀리지 않을 때야말로 많은 것을 배울 수 있는 기
회입니다. 사업 경험을 쌓을수록 성공은 가까워집니다. 실패를 두려워하지
말고 용기를 내어 도전해 보십시오.

06 취미를 사업으로 전환하여 즐기면서 돈을 벌자!

당신이 몇 년에 걸쳐 갈고 닦은 취미 중에는, 스스로는 별 것 아니라고 생각하더라도 다른 사람, 특히 초보자가 보면 대단하다고 생각하는 것이 틀림없이 있을 것이다. 이렇듯 가벼운 마음으로 시작하면 된다.

그런데 당신의 취미는 무엇일까?

그 취미를 사업으로 전환시켜 돈으로 바꿀 수 있는 방법은 없을까?

푸치 창업을 위한 세 번째 발상법은 이것이다.

자신의 취미나 특기를 살려 푸치 창업을 할 수는 없는가?

즉, 취미를 사업으로 만드는 것이다.

음악을 예로 들어보자.

가치관이 다양화된 지금, 우리는 마음에 드는 가수가 있으면 그 가수가 비록 무명이라고 해도 그의 노래가 수록된 CD를 서슴지 않고 구입한다. 유명하지 않은 만큼 자기만 알고 있다는 우월감을 가질 수 있고 유명하지 않은 가수의 CD이기 때문에 귀중한 가치가 있다고 생각하는 사람은 얼마든지 있다.

잘한다, 못한다는 감각도 많이 바뀌었다.

요즘 노래를 잘한다는 평가를 받는 가수의 노래를 들어보면 이 사람이 정말 프로인지, 더구나 정말 잘하는 것인지 의아한 생각이

드는 경우가 많지만 내 생각이야 어떻든 그 가수를 좋아하는 팬이 있기 때문에 그는 가수라는 직업에 종사하고 있다.

즉, 요즘은 누구에게나 취미를 사업으로 만들어 돈을 벌 수 있는 기회가 있는 것이다.

취미를 사업으로 전환하는 가장 간단한 방법

그건 그렇고, 당신의 취미가 무엇이든 그 취미를 사업으로 만드는 가장 간단한 방법은 '교실'이다. 당신의 취미가 그림이라면 '그림교실', 바이올린이라면 '바이올린교실', 수예라면 '수예교실', 축구라면 '축구교실', 야구라면 '야구교실' 등 무엇이든 '교실'이라는 형식으로 비즈니스로 만들 수 있다. '교실'은 '학원'처럼 큰 규모가 아니라 소규모로 운영된다는 점이 다르다. 이른바 개인적으로 아무나 자신이 갖추고 있는 기술을 바탕으로 그 기술을 가르쳐주는 '소규모 학원'에 해당한다고 말할 수 있다.

20여 년 전, 내가 처음 시작한 비즈니스는 '기타교실'이었다.

내 경우, 클래식기타 전문학교를 졸업했기 때문에 이것은 '취미'라고 말할 수 없을지도 모르지만 발상 면에서는 분명히 취미를 비즈니스로 만든 것이다.

기타교실이든 그림교실이든 교실을 운영하는 데는 면허나 자격은 필요하지 않다. 학원과는 다른 것이다.

　의욕만 있다면 지금 당장 교실을 열고 학생들을 모아 수업료를 받으면서 프로 교사로서 학생들을 지도할 수 있다.

　내 경우, 기타 전문학교를 졸업했지만, 졸업한 이후에 교실을 열었을 때 그 경력은 그다지 도움이 되지 않았다. 그 기타 전문학교가 그다지 유명하지 않았기 때문이다.

　교실에 들어가 무엇인가 배울 경우, 배우는 사람의 입장에서는 교실의 위치, 다니는 데 불편한 점, 수업료, 분위기, 선생님의 성격이나 인품, 선생님의 얼굴, 수업 내용 등에 신경을 쓰기 때문에 선생님이 어떤 자격을 가지고 있는가에 대해서는 뜻밖으로 별 관심을 보이지 않는다.

　사실, 나처럼 전문학교를 나와 기타교실을 시작하는 사람은 기타 업계에서는 오히려 소수파에 해당한다. 취미로 기타를 치다가 누군가의 부탁을 받아 가르치기 시작하는 경우가 대부분이다. 즉, 경력 따위는 없어도 충분히 가르칠 수 있는 것이다.

　그렇다면 어느 정도 수준이어야 취미교실의 선생님이 될 수 있을까?

　물론, 학생들을 깜짝 놀라게 할 수 있을 정도의 기량을 갖추는 것이 가장 바람직하다. 그러나 너무 어렵게 생각할 필요는 없다. 당신이 몇 년에 걸쳐 갈고 닦은 취미 중에는, 스스로는 별 것 아니라고 생각하더라도 다른 사람, 특히 초보자가 보면 대단하다고 생각하는 것이 틀림없이 있을 것이다.

그러니까 취미교실을 운영하는 데 큰 부담을 가질 필요는 없다.

"학생들과 함께 즐기면서 나 자신도 배운다."

이렇게 가벼운 마음으로 시작하면 된다.

기타교실

실 전
6

이번에는, 취미를 살린 푸치 창업의 사례로서 내가 실제로 경험해 보았던 '기타교실' 사업을 소개해 보자.

여기에서는 약간 본격적인 기타교실 사업 계획을 소개할 예정이지만 가볍게 음악을 연주해 주기만 하는 교실도 충분히 사업으로 만들 수 있다. 교실을 운영하는 데는 그렇게 엄청난 기량은 필요하지 않다는 뜻이다.

이번에는 '기타교실' 이라는 사업을 통하여 '교실사업'의 전반적인 운영의 노하우와 비결을 설명하기로 한다.

"나는 기타를 칠 줄 모르니까 나와는 상관없는 내용이야."

이렇게 생각하는 분도 한번 읽어보면 틀림없이 사업 힌트를 얻을 수 있을 것이다.

기타교실의 노하우는 다른 악기나 취미교실에서도 활용할 수 있기 때문이다.

사실, 나 자신이 기타교실에서 시작해서 신디사이저교실, 가정교사, 학원, 컴퓨터교실 등 다양한 '교실사업'을 경험했는데, 그 모든 사업에는 처음에 경험했던 기타교실의 노하우가 기본을 이루었다. 즉, 교실사업의 기본적인 노하우는 분야와 상관없이 공통한다.

기술은 2차적인 문제. 상대편을 배려할 줄 아는 선생님이 성공한다!

우선, 기타교실을 시작하려면 당연히 기타를 잘 쳐야 한다. 다른 사람이 당신의 연주를 듣고 대단하다고 칭찬해 줄 수 있는 수준이라면 이상적이다.

하지만 기타만 잘 친다고 해결되는 것이 아니다. 선생님이라면 학생들을 배려할 줄 아는 상냥한 인품을 갖추어야 한다. 학원이 아닌, 교실 수준에서는 프로를 양성하는 것은 아니기 때문이다.

바꾸어 말하면, 연주 실력이 아무리 뛰어나도 학생들에게 냉정한 선생님이라면 교실은 운영할 수 없다. 또, 선생님의 연주가 너무 뛰어나면 학생들이 열등감을 느끼는 경우도 있으니까 꽤 복잡한 사업이라고 말할 수 있다.

덧붙여 나는 프로 기타리스트로서는 일본에서 가장 실력이 서툴렀다.

하지만 현역 시절, 선생님으로서는 꽤 우수한 편이었다. 즉, 많은 학생들이 모였고 그 학생들이 오랜 시간 동안 내게 수업을 받았다.

그 이유는 학생들을 위해, 학생들의 입장에서 지도한다는 기본 방침을 유지했던 덕분이다.

"이 학생은 지금 어떤 음악을 하고 싶어 하는가?"

이런 점을 생각하고 그 학생이 꿈을 이룰 수 있도록 지도하는 방법을 연구한 것이다. 학생들을 위해 히트곡을 치기 쉽게 편집해 주거나 학생들의 기술에 맞추어 오리지널 음악을 작곡해서 선물해 주는 서비스도 했다. 그렇기 때문에 인기가 좋았다고 생각한다.

사업에서는 항상 고객의 입장에 서서 고객에게 즐거움을 안겨줄 수 있는 서비스를 제공하는 것이 기본이다. 음악교실이든 취미교실이든 마찬가지다.

준비 1. 교실에 필요한 도구를 갖춘다!

기타교실뿐 아니라 교실사업을 할 때는 여러 가지 도구가 필요한데, 개업할 때 이런 도구에 많은 돈을 들이지 말아야 한다.

기타교실을 시작할 때는 자신이 사용할 기타는 물론이고 학생용기타, 의자, 악보, 메트로놈, 클래식기타인 경우에는 '발판'이라는, 연주할 때 발을 올려놓을 받침대가 필요하다.

이런 도구들은 새것을 구입하지 말고 가능하면 가지고 있는 것을 이용한다. 설사 구입을 한다고 해도 중고품을 이용하여 가능하면 돈을 들이지 않는다. 학생용 기타는 인터넷 경매를 이용하면 저렴한가격에 구입할 수 있다.

 ## 준비 2. 교육과정 설정, 교재 준비

교육과정이 확실하게 짜여져 있지 않으면 학생은 즉시 그만둔다. 음악교실뿐 아니라 교실사업을 성공으로 이끌려면 확실한 교육과정이 필요하다.

학생들로부터 돈을 받고 레슨을 하는 것이니까 어떤 교재를 사용해서 어떤 과정으로 가르칠 것인지 미리 설정해 두어야 한다.

따라서 레슨을 시작하는 시점에서는 다음과 같은 내용이 갖추어져 있어야 한다.

1. 앞으로 어떤 순서로 무엇을 가르칠 것인가.

2. 어떤 단계까지 배우면 무엇을 할 수 있게 되는가.

3. 각 수준에 도달할 때까지 대략적으로 어느 정도의 시간이

   걸리는가.

이런 내용들을 학생들이 분명하게 이해할 수 있도록 만들어 교과표로 작성해서 학생들에게 건네주는 것이 좋다.

또, 학생이 자신의 기호에 맞추어 코스를 선택할 수 있도록 몇 종류의 코스를 준비해 두면 선택의 폭이 넓어지고 대응 능력이 높아지기 때문에 학생들이 쉽게 그만둘 수 없다.

교재는 시판되고 있는 것들 중에서 적절한 것을 선택하거나 A4용지를 사용해서 파일이나 클립파일 등을 이용, 직접 만들어도 된다.

포인트는 교육과정이나 교재를 보는 것만으로 학생이 빨리 기능을 습득하고 싶다는 꿈과 희망을 느낄 수 있도록 신경을 쓰는 것이다.

최종적으로 도달할 포인트 −학생의 입장에서 동경의 대상− 를 제시하면서 지금 필요한 트레이닝이나 공부를 무리 없는 '과제'로서 학생들에게 제공할 수 있는 사람이 훌륭한 선생님이다.

학생들이 그만두지 않는 교실을 만들기 위한 교수법

교재나 교육과정이 정해지면 수업 방식을 정한다.

음악교실의 수업 방식으로는 '개인 레슨'이 일반적이며 가장 적합하다. 학생 수준에 맞는 세심한 지도를 할 수 있기 때문이다.

음악교실뿐 아니라 가장 이상적인 교실의 스타일은 '개인 레슨'이다. 개인 레슨을 하면 학생의 수준이나 기호, 희망에 맞추어 교육과정을 유연성 있게 편성할 수 있기 때문이다. 선생님의 입장에서도 가르치기 편하다. 나도 현재, 개인 레슨 방식으로 '주식투자교실'을 운영하고 있는데 좋은 평가를 받고 있다.

반대로, 두세 명이나 그룹을 대상으로 수업을 하면 학생들이 이탈하는 경우가 많다. 즉, 학생이 교실을 그만둘 확률이 높아진다.

그 이유는, 그룹 레슨에서는 학생의 수준을 통일시킬 수 없는 경우가 많아 실력이 부족한 학생이 열등감을 느끼고 수업을 기피하거나, 배우고 싶은 내용이 학생마다 달라 통일성을 찾기 어렵거나, 교육과정을 따라오지 못하는 학생이 나타나는 등 문제가 발생하기 쉽기 때문이다.

많은 학생들을 대상으로 가르칠 수 있는 그룹 레슨 쪽이 사업적인 '효율성'은 좋지만 일반적으로는 '개인 레슨' 쪽이 학생들의 만족도가 높다. 결국, 학생을 위한 수업을 하는 것이 장기적인 안목으로 볼 때 수입이 증가한다.

그러나 가르치는 내용에 따라서는 오히려 그룹 레슨 쪽이 학생들의 정착률이 좋아지는 경우도 있다. 요컨대, 어떤 스타일로 어떤 수업을 해야 학생들이 가장 즐겁게 배울 수 있고 만족도가 높은지 잘 생각해서 학생 위주의 이상적인 수업 방식을 제공해야 한다.

비즈니스에 컴퓨터를 활용하라!

교실사업에서도 역시 '전단 만들기'가 필요하다. 이번에는 좀 더 신경을 써서 컴퓨터로 만들어보자.

좀 더 신경을 썼다고 하지만 결국 앞에서 소개한 '심부름센터' 전단을 약간 바꾸었을 뿐이다.

컴퓨터를 사용해서 전단을 만들 경우, 처음에는 힘이 들지만 다음에 비슷한 작업을 할 때는 한결 수월하다. 컴퓨터는 그런 기계다. 처음에는 배우기 힘들지만 익숙해지면 수작업의 열 배, 아니 백 배의 일도 수월하게 처리할 수 있다.

기타교실 전단 예

기타교실
학생모집중!

"당신도 매혹적인 멜로디를
연주해 보지 않겠습니까?"

마음에 드는 코스를 선택할 수 있습니다.

1. 클래식기타 과

기초부터 시작하여 3개월 만에 명곡
'금지된 장난' 을 연주할 수 있습니다.

2. 포크기타 과

오리지널 곡 연주를 목표로 기초부터 배울 수 있습니다.

3. 일렉트릭기타 과

기초부터 코드 연주 방법, 리드기타 연주 방법까지
배울 수 있습니다.

언제든지 문의해 주세요!
080-1234-5678

여의도동 1번지 돈벌레 기타교실

요즘에는, 사업을 할 때 컴퓨터의 활용 여부는 매우 중요한 포인트다.

사업 현장에서 컴퓨터를 잘 다룬다는 것은, 컴퓨터로 전단을 만든다, 컴퓨터로 자신의 명함을 만든다, 컴퓨터로 자신이 취급하는 상품의 카탈로그를 만든다 등 사업과 직접 연결되는 작업을 컴퓨터로 처리한다는 의미다.

단순히 컴퓨터를 가지고 있는 것은 아무런 의미가 없다. 컴퓨터에 도전해서 컴퓨터에 익숙해지고 컴퓨터를 사업에 활용하여 컴퓨터로 돈을 벌자.

'기타교실'의 전단이 만들어졌으면 역시 우편함에 투입하거나 포스터로 만들어 붙이는 방법으로 선전을 한다. 고등학생이 많이 모이는 장소에서 나누어주거나 콘서트 장소에서 나누어주는 것도 효과적이다.

물론, 인터넷을 이용하여 학생을 모집하는 방법도 있다.

그림 판매사업

실 전
7

취미를 살린 푸치 창업의 예로 이번에는 오리지널 그림을 판매하는 사업을 소개해 보자. 직접 그린 그림을 팔거나 고객의 의뢰를 받아 그림을 그려서 파는 사업이다.

 우선, 작품을 만든다!

앞에서 설명한 것처럼 요즘에는 가치가 매우 다양해졌다. 그림도 예외는 아니다.

만약, 자기 방에 그림을 장식한다면 작가가 유명한 인물인가 하는 것이 문제가 아니라 그 그림이 자신의 감각에 맞는가 하는 것이 문제가 된다.

즉, 전혀 이름이 없는 우리가 그린 그림이라고 해도 고객이 마음에 들어 한다면 얼마든지 팔린다는 뜻이다.

다음 페이지의 그림은 우리 아버지 -전문 화가는 아니다- 가 그린 작품이다.

원래는 아크릴화이지만, 내가 그 그림을 디지털카메라로 촬영해서 컴퓨터에 입력, 아버지가 직접 쓴 시를 함께 넣어 작품으로 만들어보았다.

이것을 컬러프린터로 인쇄한 것을 액자에 넣어보니 꽤 매력적인 작품이 완성되었다. 완성된 작품을 가족들이 둘러앉아 들여다보면

〈꽃〉 돈벌레, 아크릴화 색종이

꽃 꽃은 사람의 마음을
밝게 해주고
평안과 희망을
안겨줍니다.
아주 작은 안개꽃도
커다란 백합꽃도
사이좋게 조화를 이루고
기품 있게 피어나
마음껏 아름다움을 뽐냅니다.   ─돈벌레

서 팔아도 될 것 같다고 농담을 나누기도 했다.

일단 시도가 중요하다. 일단 팔아보자!

그런 상황에 마침 지역 축제가 있었다.

아버지는 일단 시도해 보자면서 가게 한 귀퉁이에 이 그림을 진열했다.

"만약 사겠다는 사람이 있으면 5만 원에 팔자."

이렇게 결정하고.

그런데 정말 이 그림을 사겠다는 사람이 나타나 5만 원에 팔렸다.

아버지는 당신의 그림을 팔고 싶은 생각이 별로 없었기 때문에 한 장만 팔고 나머지는 친구나 아는 분에게 선물로 나누어주셨지만 매우 즐거운 표정이었다.

이 그림은 액자 가격을 포함하여 한 장에 1만 원 정도의 원가로 대량생산이 가능하다. 아버지는 하나하나에 직접 메시지를 첨가하여 번호를 매겨서 나누어주셨는데, 이것은 이른바 컴퓨터를 활용한 현대판 '판화' 같은 것이다.

그림 판매사업, 이렇게 하면 발전할 수 있다!

아버지는 취미로 그린 그림을 비즈니스로 발전시킬 생각이 없었기 때문에 이 그림을 판매한 매상은 단돈 5만 원으로 막을 내렸다. 하지만 만약 계속 팔 생각이 있었다면 이 '컴퓨터판화'는 멋진 사업이 될 수 있다. 요컨대 적극적으로 판로를 개척하면 된다.

예를 들어, 자택의 방 하나를 전시실로 만들어두고 원하는 사람들을 초청하여 '전시판매'를 할 수도 있다. 친구나 아는 사람에게 엽서 등을 이용해서 안내하면 구매자는 얼마든지 불러들일 수 있다.

아버지처럼 지역 축제나 사람들이 많이 모이는 장소에 전시해서 구매자가 나타나면 파는 방법도 있고, 인터넷으로 광고를 해서 판매하는 방법도 있다.

"내 그림이 무슨 가치가 있다고….."

이런 식으로 자신의 작품을 낮게 평가하지 말아야 한다.

어쩌면 당신의 작품을 깜짝 놀랄 정도의 높은 가격으로 사겠다는 구매자가 나타날지도 모른다.

푸치 창업을 하고 싶은데 지금 하는 일을 끝내고 돌아오면 너무 피곤해서 완전히 늘어져버립니다. 체력적, 시간적으로 그럴 여유가 없을 것 같아서 어떻게 해야 좋을지 고민입니다.

좋아하는 일로 푸치 창업을 한다는 계획을 세우십시오. 틀림없이 새로운 에너지가 끓어오를 것입니다.

창업을 해서 성공한 사람들은 예외 없이 어느 시기에 엄청난 양의 일을 처리한 경험이 있습니다. 그들은 잠도 자지 않고 일함으로써 성공한 것입니다. 그렇다면 그들은 누군가의 강요에 의해 그렇게 힘든 일을 했을까요? 그렇지 않습니다. 일이 즐거웠기 때문에 스스로 열심히 일한 것입니다.

"그렇게 힘들게 일해도 괜찮습니까? 쓰러지기라도 하면 큰일이니까 적당히 하십시오."

그들에게 이렇게 말한다면 그들은 다음과 같이 대답할 것입니다.

"네? 쓰러져요? 누가요? 저 말입니까? 저는 전혀 힘들지 않습니다. 즐거워서 못 견딜 지경인데 쓰러지다니 무슨 말씀입니까."

자기가 좋아하는 분야에서 푸치 창업을 해서 자유롭게, 즐겁게 일할 수 있다면 피로를 느끼기는커녕 일을 할수록 에너지가 샘솟는 것을 느낍니다.

나 자신도, 지금은 다른 사람보다 몇 배는 더 일하고 있지만, 이 일이 힘들기는커녕 오히려 즐겁고 나아가 삶의 보람도 느끼고 있습니다.

직장생활을 하면서 또 다른 일에 손을 대게 되면 때로는 보통 사람의 두 배에 해당하는 일을 해야 하는 날도 있을 것입니다. 그러나 좋아하는 분야에서 즐겁게 일할 수 있고 돈도 벌 수 있는 푸치 창업이라면 피로는 날아가 버리고 새로운 에너지가 끓어오르게 됩니다.

우선, 설레는 마음으로 꿈을 펼칠 수 있는 사업 계획을 세워보십시오. 자연스럽게 일하고 싶은 기분이 들 것입니다.

07 컴퓨터와 인터넷은 사업의 보물창고다!

직접 컴퓨터를 사용하여 얻은 지식이나 기술이야말로 컴퓨터를 사용하여 돈을 버는 사업과 직결된다. 사업 현장에서는 머릿속에 들어 있는 지식이 아니라 컴퓨터로 무엇을 할 수 있는가 하는 실력이 중요하다. 경험이 중요한 것이다.

컴퓨터나 인터넷을 사용하면 다채로운 사업을 전개할 수 있다. 앞으로 푸치 창업을 하려는 사람에게 있어서 컴퓨터와 인터넷은 필수다.

이미 컴퓨터를 사용하고 있는 사람, 컴퓨터에 자신 있는 사람은 이번 장을 읽는 것으로 컴퓨터와 인터넷을 사용하여 돈을 벌 수 있는 구체적인 노하우를 발견할 수 있다.

그럼, 푸치 창업을 위한 네 번째 발상법을 떠올려보자.

컴퓨터나 인터넷을 이용하여 푸치 창업을 할 수는 없는가?

이 발상을 바탕으로 컴퓨터와 인터넷으로 푸치 창업을 해서 돈을 버는 방법에 대해 생각해 보자.

단기간에 컴퓨터를 마스터하는 비결

나는 전에 경영했던 학원이 경영 부진에 빠졌을 때, 다음에는 컴퓨터를 사용한 사업을 해야겠다고 생각하여 의식적으로 컴퓨터를 사용하기 위해 신경을 썼다. 천 시간 마라톤이라는 목표를 세워놓고 1년 동안, 매일 3시간 정도 의무적으로 컴퓨터 공부를 한 적도 있다.

그렇게 노력한 결과, 나는 컴퓨터를 마음대로 사용할 수 있게 되었다. 푸치 창업에서는 컴퓨터를 마스터한 사람이 확실히 우위에 놓이게 된다. 컴퓨터를 마스터하면 여러 가지 사업 기회가 보인다.

컴퓨터나 인터넷 주변에는 엄청난 양의 돈이 흘러 다닌다. 따라서 어떻게 해서든 이런 돈의 흐름을 자기 쪽으로 돌려놓아야 한다.

우선, 내 경험을 바탕으로 컴퓨터를 단기간에 마스터할 수 있는 비결을 설명해 보자. 컴퓨터를 단기간에 마스터하려면 컴퓨터를 실제로 사용해 보고 컴퓨터라는 기계를 몸으로 익혀야 한다. 요즘에는 컴퓨터를 몇 십만 원 정도로 장만할 수 있으니까 반드시 한 대 구입해서 최대한 활용하면 반드시 사업과 연결되는 아이디어가 떠오를 것이다.

어쩌면 당신은 컴퓨터에 좋지 않은 의식을 가지고 있을지도 모른다. 또는 컴퓨터를 잘 다루는 누군가와 자신을 비교하여 열등감을 가지고 있을지도 모른다.

하지만 열등감은 컴퓨터를 마스터하는 데 방해만 될 뿐이다.

"○○라는 CPU쪽이 처리 속도가 5초 정도 더 빨라."

이런 전문 지식이 있다고 해서 컴퓨터를 사용하여 돈을 벌 수 있다는 보장은 없다. 또, 컴퓨터에 대해 아무리 많은 지식을 갖추고 있는 사람이라고 해도 컴퓨터의 모든 것을 알 수는 없다.

사업 현장에서는 오히려 컴퓨터 매니아가 아니라 컴퓨터에 대해서는 잘 모르지만 어떤 소프트웨어만큼은 확실하게 다룰 수 있다는 식으로 집중적이고 실전적인 사용 방법을 알고 있는 사람, 즉 컴퓨터를 몸으로 익힌 사람이 사업에 컴퓨터를 활용해서 성공을 거두는 경우가 많다.

단기간에 컴퓨터를 마스터하기 위한 또 한 가지 비결은, 구체적인 주제를 정하고 도전해 보는 것이다. 예를 들면, 우선 컴퓨터로 명함을 만든다는 식의 주제를 설정한다. 그것이 가능해지면 다음 주제를 정하고 도전한다. 컴퓨터에 능숙해진다는 것은 컴퓨터로 할 수 있는 일을 늘리는 것이다.

직접 컴퓨터를 사용하여 얻은 지식이나 기술이야말로 컴퓨터를 사용하여 돈을 버는 사업과 직결된다. 사업 현장에서는 머릿속에 들어 있는 지식이 아니라 컴퓨터로 무엇을 할 수 있는가 하는 실력이 중요하다. 경험이 중요한 것이다.

컴퓨터에 도전해서 사용 방법을 몸으로 익히도록 하자.

컴퓨터로 푸치 창업을 하기 위한 일곱 가지 접근 방법

컴퓨터나 인터넷을 사용하여 사업을 할 경우, 다음과 같은 일곱 가지 방법으로 접근하는 것이 바람직하다. 이 내용을 자세히 해설하려면 책 한 권 분량의 내용이 되기 때문에 여기에서는 요점과 힌트만을 간략하게 정리해 보도록 한다.

1. 컴퓨터를 사용해서 일반적인 일을 효율적으로 처리하거나
   질을 향상시키는 방법으로 돈을 벌 수는 없을까?
   예 → 비즈니스 문서 작성 서비스

컴퓨터를 사용하면 수작업보다 훨씬 더 빠른 속도로 일을 처리할 수 있고, 또한 작업 자체를 자동화할 수 있다.

우편물에서 받는 사람의 주소를 쓰는 것 등이 좋은 예다. 또, 비즈니스용 전단이나 광고 작성도 컴퓨터를 이용하면 빠르고 깨끗하게 완성할 수 있다. 이런 이용 방법을 사업화할 수 있는 방법을 생각해 본다.

2. 컴퓨터나 주변기기, 또는 인터넷과 관련된 물건을 판매하는
   사업으로 돈을 벌 수는 없을까?
   예 → 컴퓨터 상점, 컴퓨터나 주변기기 구입 대행사업

컴퓨터를 대량으로 구입하여 판매하는 사업은 개인적으로 실행하기는 어렵지만 소량은 구입할 수 있다. 또, 어떤 컴퓨터를 선택해야 좋은지 모르는 사람들의 상담 상대가 되어 주거나 기종을 선택해서 구입을 대행해 주고 수수료를 받는 형식의, 컴퓨터 판매와 관련이 있는 일도 할 수 있다.(뒤에서 자세히 설명)

3. 컴퓨터나 인터넷을 사용하는 사람들에게 편리성을 제공하는 사업으로 돈을 벌 수는 없을까?
   예 → 컴퓨터교실 운영, 소프트웨어 개발과 판매

컴퓨터나 인터넷은 사용할 줄 아는 사람에게는 매우 편리한 도구이지만 사용할 줄 모르는 사람에게는 복잡하고 불편한 기계다. 기기 세팅, 인터넷이나 전자메일 설정 등 초보자에게는 어려운 문제를 대행해 주고 소프트웨어를 사용하는 방법을 가르쳐주는 형식으로 컴퓨터사용자에게 편리성을 제공해 줄 수 있다면 그것은 사업이 된다.

개인 상점이나 기업의 판매관리시스템 등을 수주하여 독창적 소프트웨어를 개발하는 프리 프로그래머도 수요가 꾸준한 직종이다.

4. 인터넷상에 상점을 만들어 돈을 벌 수는 없을까?
   예 → 인터넷 제과점

인터넷상에 상점을 개설하는 것이라면 개업 자금이 들어가지 않고 전업이나 폐업도 손쉽게 할 수 있다. 판매가 가능한 물건을 가지고 있다면 우선 인터넷 상점을 생각해 보는 것이 바람직하다. 자신의 취미를 살려 오리지널 상품 −수제품− 을 개발해서 판매하는 것도 재미있다.

5. 컴퓨터나 인터넷을 사용한 광고사업으로 돈을 벌 수는 없을까?

예 → 메일매거진을 발행해서 광고 수입으로 돈을 번다

인터넷 광고업계는 꾸준한 신장률을 보이고 있는데, 이 사업에는 개인도 간단히 참가할 수 있다.

가장 손쉬운 방법은 메일매거진을 발행하여 광고료를 받는 것으로 광고를 게재하는 것이다. 이 사업을 이용하여 개인적으로 한 달에 수백만 원의 광고료를 벌어들이는 사람도 있다.

6. 인터넷 경매로 돈을 벌 수는 없을까?

예 → 인터넷 경매를 이용한 세트 판매

인터넷 경매를 단순히 이용한다면 불필요한 물건이나 직접 개발한 상품을 판매하는 방법을 생각하겠지만 경매 방식을 가르쳐주는 사업도 가능하다.

그리고 '라면가게 개업 세트' 같은 주제를 정하고 경매로 저렴하게 물건을 구입해서 그것을 정리하여 세트로 판매하는 '세트 판매'를 생각할 수 있다. 인터넷 경매는 발상에 따라 다양한 사업에 활용할 수 있다.

7. 컴퓨터나 인터넷을 오프라인 상점의 고객 확보 전략에 이용하여 돈을 벌 수는 없을까?

　예 → 오프라인 상점을 인터넷에 선전하여 매상을 올린다.

이른바 인터넷을 보조적으로 이용하는 패턴이다.

휴대전화를 대상으로 세일 정보, 우대세일 정보, 바겐세일 정보 등을 전자메일로 보내는 광고는 반응이 좋은 편이다. 전자메일은 DM 발송과 비교하면 비용이 매우 싸고 ―거의 공짜― 속도도 빠르기 때문에 잘만 사용하면 큰 성과를 거둘 수 있다.

컴퓨터사업을 다각적으로 전개한다!

나는 과거에 컴퓨터 상점을 운영해 본 적이 있다. 당시, 상점 서비스의 일환으로서 '비즈니스 문서 작성 서비스'도 했고 동시에 '컴퓨터교실'도 운영했다. 당연히, 다음에 설명할 '컴퓨터 지원사업'도

했다. 컴퓨터를 사용한 사업을 다각적으로 전개해서 돈을 벌었던 것이다.

자, 이제 당신도 돈이 강물처럼 흘러 다니는 컴퓨터, 인터넷이라는 바다에 넓은 그물을 던져보자. 어쩌면 다랑어가, 아니 고래가 걸릴지도 모른다.

 ## 컴퓨터 지원사업

그럼, 컴퓨터를 사용한 사업 사례로서 우선 '컴퓨터 지원사업'을 생각해 보자.

컴퓨터는 편리한 반면에 복잡한 기계이기 때문에 자주 고장이 난다. 예를 들면, 컴퓨터가 제대로 작동하지 않는 경우, 전문가조차도 그 원인을 확실하게 모르는 경우가 있다. 그런 고장 때문에 고민하는 사람이 많지만 회사의 고객 지원 전화는 통화 중이어서 연결이 되지 않는 경우가 적지 않다.

"어떻게 하지. 누가 좀 도와줬으면 좋겠는데!"

이런 불만을 느끼는 사용자들이 많은 것이다.

그렇다! 컴퓨터 주변에는 문제가 발생하기 쉽다. 그리고 그런 문제는 우리에게 사업이 된다.

컴퓨터 지원사업에 도전하자!

"컴퓨터 관련 문제를 해결한다!"

이런 컨셉으로 푸치 창업을 생각한다면 '컴퓨터 지원사업'을 떠올릴 수 있다.

인터넷에 연결이 되지 않는다, 프린터가 작동하지 않는다, 컴퓨터가 작동하지 않는다, 소프트웨어의 인스톨이 되지 않는다, 전자메일이 들어오지 않는다. 이런 문제를 해결하는 것을 비롯해서 컴퓨터와 관련된 문제라면 무엇이든 해결해 주는 컴퓨터 관련 지원사업이다.

이 사업은 주 업무인 '문제 해결'을 위해 고객의 집을 방문했을 때 컴퓨터 판매, 컴퓨터 가정교사, 홈페이지 작성, 프로그램 작성 등 컴퓨터와 관련된 또 다른 일을 수주할 수 있는 경우가 많기 때문에 발전 가능성이 매우 높다.

동네 컴퓨터 상점에서도 비슷한 서비스를 하고 있지만, 담당자가 확실하지 않거나 시간이 없다는 이유로 며칠씩 기다려야 하는 경우도 있다. 그런 점에서 개인적으로 지원사업을 한다면 신뢰를 얻기 쉽다.

또, 컴퓨터 회사의 고객지원센터가 동네 컴퓨터 상점이 휴일인 경우에는 고객이 기뻐할 것이고 차별화도 도모할 수 있다.

나도 이 사업으로 돈을 벌었던 시기가 있는데, 한 번 이용했다가 마음에 드는 경우에는 나중에 문제가 발생할 때마다 즉시 내게 전화를 걸어온다. 즉, 재의뢰가 들어올 가능성이 높은 사업이다.

 전단 사례. 요금을 설정하는 포인트

전단으로는 다음 페이지의 그림 같은 것을 준비하면 된다.

이것도 앞에서 소개한 '심부름센터' 전단을 기본으로 한 것이다. 물론, 직접 써서 작성해도 된다. 어쨌든 1시간 정도면 충분히 만들 수 있다. 뒷면에는 요금표를 실었다.

실제로 운영할 때 가장 힘든 부분은 요금 설정이다. 이것은 지역 사정을 고려하면서 정하는 것이 바람직하다. 구체적으로는 지역 동업자의 요금을 조사해 보고 같은 수준이거나 약간 비싼 수준으로 설정한다.

여기에서 약간 비싸게 설정한다는 데 의문을 느낄지 모르지만 이런 일을 하는 경우에는 약간 비싸게 설정하는 것으로 고객에게 안도감과 신뢰감을 심어주는 경우가 있다는 점을 염두에 두어야 한다. 요금은 저렴하다고 무조건 좋은 것은 아니다.

광고 사례 (컴퓨터 지원사업)

컴퓨터 COMPUTER

● 문제를 해결해 드립니다.

전화 한 통이면 즉시 방문!

- ●컴퓨터가 작동하지 않는다
- ●인터넷에 연결되지 않는다
- ●메일이 들어오지 않는다
- ●그 밖에 컴퓨터와 관련된
  어떤 문제든 전화 주십시오!
- ●컴퓨터 출장교실도 운영하고 있습니다!

※ **견적은 무료입니다.**

☎ 일단 전화부터!

080-1234-5678
담당: 돈벌레(컴퓨터 지원사업)

창업 1년만에 재테크 미처리?

이용 요금표

기본요금 10,000원/시간

- 인터넷 접속 ➞ 5,000원
- 전자메일 설정 ➞ 5,000원
- 메모리 업그레이드 ➞ 5,000원
- 하드디스크 업그레이드 ➞ 5,000원
  하드디스크 교환 ➞ 5,000원
- 컴퓨터 출장교실 ➞ 20,000원/시간

※ 심야 요금(밤 12시-새벽 5시) ➞ 플러스 10,000원

전.화.견.적.무.료

24시간 전화 OK!

☎ 일단 전화를!

080-1234-5678

담당: 돈벌레(컴퓨터 지원사업)

컴퓨터 지원사업은 발전 가능성이 높다!

컴퓨터 지원사업은 다양한 사업으로 발전시킬 수 있다. 또는, 관련된 여러 종류의 사업과 복합적으로 운영할 수도 있다. 예를 들면, '컴퓨터 판매사업' 이다.

당신은, 구입 루트가 없으면 판매사업을 할 수 없다고 생각할지 모르지만 그렇지 않다.

어떤 컴퓨터를 선택해야 좋을지 몰라 고민하는 고객에게 적절한 컴퓨터를 골라서 구입해 주고 수수료를 받는 '구입 대행' 스타일이라면 구입 루트를 모르고 있더라도 판매사업은 성립한다.

당신은 고객을 대신해서 싸고 성능이 좋은 컴퓨터를 찾아준다. 그리고 컴퓨터 가격에 따라 5만 원 정도의 수수료를 받으면 된다.

초보자가 컴퓨터를 구입하는 경우에 가장 문제가 되는 것은 '기종 선택' 이다. 가격은 나중 문제다.

초보자는 어떤 컴퓨터를 구입해야 좋을지 몰라 고민한다. 의사나 회사의 사장 등 바빠서 시간이 없는 사람도 역시 마찬가지로 컴퓨터를 선택하는 데 시간을 소비할 수 없기 때문에 난처해한다.

컴퓨터 문제를 해결하기 위해 고객의 집을 방문했다고 하자.

"저희는 컴퓨터 기종 선택과 구입을 대행하는 서비스도 하고 있습니다."

"컴퓨터는 같은 성능이라고 해도 회사나 기종에 따라 상당한 가격 차이가 납니다. 성능이 좋고 저렴한 컴퓨터를 구입하면 수수료를 지불하시더라도 훨씬 이익이지요."

이런 식으로 구입 대행 서비스를 한다는 사실을 선전하면 이용하고 싶어 하는 고객이 많을 것이다.

다음 페이지의 그림처럼 컴퓨터 구입 대행 서비스 전단을 별도로 만들어 건네주는 것도 좋은 방법이다.

컴퓨터를 구입해서 판매하는 경우, 만약 고객이 대금을 지급하지 않는다면 끝장이다. 그 미수금을 메우기 위해 수십 대의 컴퓨터를 팔아야 하기 때문이다.

이런 위험을 생각하면 구입 대행사업이 훨씬 더 안전하다. 구입 대행이라면 상점을 낼 필요도 없고 재고를 끌어안고 있어야 할 필요도 없다.

그 밖에도 문서 작성, 홈페이지 작성, 프로그램 작성 등 컴퓨터 주변에는 다양한 사업 기회가 존재하며 당신이 신뢰만 얻는다면 한 회사에서 컴퓨터와 관련된 모든 업무를 맡을 수도 있다. 컴퓨터 지원사업은 전업도 충분히 가능한 사업이다.

그럼 다음으로 관련사업으로서 '홈페이지 작성, 운영 대행사업'을 소개하기로 하자. 이 책에서 가장 먼저 등장한 A씨를 성공으로 이끈 사업이다.

광고 사례 (컴퓨터 구입 대행)

컴퓨터 선택은
저희에게 맡겨주십시오!

컴퓨터 선택은 저희에게 맡겨주십시오!

싸고 좋은 기종을 찾아드립니다!

같은 성능이라도 회사나 기종에 따라

컴퓨터 가격에 몇 십만 원의 차이가 발생합니다!

적은 수수료로 고객을 대신해서

우수한 컴퓨터를 찾아드립니다!

※ 견적은 무료!
　부담 없이 상담하세요!

☎ 일단 전화를!

080-1234-5678
담당: 돈벌레(컴퓨터 지원사업)

청월 1년만 재미교 미처라!

홈페이지 작성, 운영 대행사업

실전
9

기업 등의 홈페이지를 작성하고 그 운영을 대행하는 일인데, 이 사업에 대해서는 취향을 약간 바꾸어 소설 형식으로 설명하기로 한다.

 변두리 부동산의 성공담

변두리에서 부동산을 운영하고 있는 김 사장은 초조했다.

같은 업종에 종사하는 경쟁업체가 아파트, 맨션, 대지, 단독주택 등의 부동산 정보를 인터넷으로 제공해서 신규 고객을 계속 개척하고 있는데, 김 사장의 부동산에는 컴퓨터를 다룰 줄 아는 사람이 없어 인터넷을 사용한 사업에 참가하지 못하고 있기 때문이다.

사장 자신이 컴퓨터교실이나 학원을 다니며 배울 생각도 했지만 학원 문을 두드릴 용기가 나지 않는다.

"그래. 박 군에게 컴퓨터를 배우라고 하자!"

이렇게 생각하고 말을 걸어보려 했지만 박 군은 코를 골며 낮잠을 자고 있다. 그 모습을 본 김 사장은 길게 한숨을 내쉬며 그 생각을 포기했다.

그러던 어느 날, 우연히 사장이 우편함을 들여다보자 전단 한 장이 들어와 있었다.

"뭐라고? 홈페이지를 대신 만들어준다고? 그래, 이거 괜찮을 것 같은데."

그렇게 생각한 사장은 컴퓨터 지원사업자인 '뭐든지'의 돈벌레 씨에게 전화를 걸었다.

전화로 김 사장에게 부동산의 사업 내용을 들은 돈벌레 씨는 즉시 인터넷을 사용한 사업 계획을 작성해서 부동산을 방문. 판매 촉진 계획에 대해 설명했다.

이 사업 계획에 감동한 김 사장은 돈벌레 씨에게 부동산의 홈페이지 작성과 운영에 관한 모든 사항을 대행해 달라고 부탁했다.

홈페이지 작성 비용이 100만 원, 매달 관리비가 2만 원. 돈벌레 씨는 매주 '부동산 정보'라는 메일매거진을 발행해서 고객을 모은다는 계획이다.

돈벌레 씨는 부동산과, 인터넷을 통하여 고객이 물건을 구입할 경우에 그 금액에 따라 수수료를 받는 '판매수수료계약'도 체결했다.

3개월 후, 부동산의 인터넷 판매 부문은 수백만 원의 매상을 올리게 되었고, 돈벌레 씨는 판매 수수료만으로 매달 20만 원 이상의 수입을 손에 쥐었다.

돈벌레 씨는 그 수수료로 딸이 그렇게 조르던 애완견을 사줄 생각이다.

김 사장도 기분이 들떠 있었다. 다른 부동산은 컴퓨터 전문사원을 고용하고 있기 때문에 홈페이지를 운영하는 데 비용이 많이 들어가지만, 자신의 부동산은 돈벌레 씨에게 아웃소싱하고 있기 때문에 비용에 비하여 효과가 매우 크기 때문이다.

홈페이지를
대신 만들어드립니다.

인터넷으로 상품을 파는 시대!
귀사의 상품을 홈페이지로 선전해
보시지 않겠습니까?
판로가 확대되고 매상이 향상됩니다.
홈페이지 작성, 고객 확보, 운영, 관리까지….
적은 비용으로 대행해 드립니다.

※ 견적은 무료!
　부담 없이 상담하세요!

☎ **일단 전화를!**

080-1234-5678
담당: 돈벌레(컴퓨터 지원사업)

컴퓨터 주변에는 사업 기회가 넘친다!

그 밖에도 컴퓨터 주변에는 사업 기회가 넘친다.

앞에서 설명한 '컴퓨터로 푸치 창업을 하기 위한 일곱 가지 접근 방법을 참고로 다양한 사업 기회를 생각해 보자.

홈페이지 디자인으로 푸치 창업을 해볼 생각입니다. 우선 홈
페이지를 만드는 방법을 통신 강좌로 수강할 생각인데 어떨까
요?

통신 강좌를 이용할 것이 아니라 돈을 들이지 않고 자신의 노
력으로 기술을 습득할 수 있는 방법을 연구해 보십시오.

푸치 창업을 하는 경우, 그 일에 필요한 기술은 비용을 들이지 않고 자신
의 노력으로 익혀야 합니다. 홈페이지 디자인으로 창업을 할 생각이라면
통신 강좌를 수강할 것이 아니라 우선 홈페이지 작성 소프트웨어를 구입해
서 직접 연구하면서 홈페이지를 만들어보는 방법을 생각해 보십시오.

통신 강좌의 수강료가 비싼 만큼 내용이 충실할 것이라고 기대하기 쉽지
만, 막상 강의를 들어보면 얻을 수 있는 정보의 수준은 결국 책이나 인터
넷을 통해서 얻을 수 있는 지식과 그다지 차이가 없는 경우가 많습니다.

홈페이지를 만들기 위한 기초적인 지식은 도서관에서 책을 빌리거나 인터
넷을 조사해 보는 식으로 돈을 들이지 않고 익히도록 하십시오. 또, 당신
친구 중에 이미 홈페이지를 만들어본 경험이 있는 사람이 있다면 만드는
방법이나 비결을 물어보는 것도 참고가 될 것입니다. 오히려 독학을 하는
쪽이 훨씬 더 빨리, 정말 필요한 기술을 익히게 되는 경우가 많습니다.

그리고 통신 강좌 중에는 입회하면 컴퓨터가 필요하다, 소프트웨어가 필
요하다, 프린터가 필요하다는 식으로 기기를 구입하도록 권하는 경우가 있
습니다. 그중에는 중고 기종을 일반적인 가격보다 비싸게 파는 악덕업자도
있는데, 그들은 기술을 갖추면 일을 소개해 주겠다는 식으로 교묘하게 판
매에 열을 올립니다.

이른바 일자리를 미끼로 물건을 판매하는 악질적인 상술이지요. 이런 상
술의 먹이가 되어 버리면 푸치 창업으로 성공하기는커녕 빚만 지게 되니까
주의해야 합니다.

08 역시 내 가게를 가지고 싶다!

인터넷 상점이라면 실패하더라도 충격이 적다. 처음에 손을 댄 상품이 팔리지 않을 경우에 다른 상점으로 바꾸는 것도 간단하다. 가게를 가지려면 우선 인터넷 상점부터 시작하자.

"언젠가는 내 가게를 가지고 싶다!"

이것이 자영업자들 대부분의 꿈일 것이다.

푸치 창업을 생각하는 사람들 중에도 역시 '내 가게'를 가지기를 꿈꾸는 사람이 많지 않을까.

나도 한때 그런 꿈을 실현하기 위해 가게를 가져본 적이 있다. 내가 생각했던 가게는 컴퓨터 상점이었다.

"컴퓨터 상점을 만들자!"

이런 생각을 한 지 두 시간 뒤, 나는 가게를 내기에 어울리는 빈 건물을 발견했고 3시간 뒤에는 건물 주인과 집세를 교섭하고 있었다. 그리고 두 달 뒤에 나는 내 가게에서 열심히 컴퓨터를 팔고 있었다.

반년 후, 나는 혼자 한 달에 2천만 원의 매상을 올렸다. 도매상에서는, 지방의 작은 상점에서 올린 매상으로는 기적적이라고 말했다.

자, 이번 장에서는 푸치 창업을 위한 다섯 번째 발상법을 설명하

창업 1년만에 재벌로 미쳐라!

기로 한다.

가게를 내서 푸치 창업을 할 수는 없는가?

이 발상을 바탕으로 삼는 사업을 생각해 보는 것이다. 가게를 내고 당신이 주인이 되어 상품이나 서비스를 팔 수는 없을까 하는 발상이다.

돈이 들어가지 않고 바꾸기 쉬운 '인터넷 상점'부터 시작하자!

다시 한번 강조하지만 푸치 창업에서는 가게에 돈을 들이지 않는 것이 철칙이다.

돈을 들이지 않고 가게를 내려면 연구가 필요하다. 예를 들면, 자택의 방 하나를 직접 개조해서 가게를 낸다. 또는 상호는 만들지만 실질적인 점포는 가지지 않는 '가점포'로 출장 판매를 주 업무로 삼는 방법이 있다.

가장 비용이 들어가지 않는 것은 컴퓨터를 사용하여 인터넷상에 가게를 내는 방법이다. 물론, 인터넷 상점에서 라면가게나 편의점은 운영할 수 없으니까 업종에는 제한이 있지만 비용이 들어가지 않는다는 점에서는 그야말로 푸치 창업에 가장 적당한 개업 방법이라고 말할 수 있다.

그렇다면 경비를 들이지 않고 가게를 낸다는 것을 기본으로 구체적인 '점포사업'을 생각해 보자. 우선, 푸치 창업에서 점포사업의 기본인 인터넷 상점부터.

인터넷상에 가게를 내는 것은 어려운 일이 아니다. 상품을 늘어놓은 홈페이지를 만들고 상품 주문을 받을 수 있는 구조를 만들면 된다. 홈페이지는 전용 소프트웨어를 사용하면 워드프로세서를 이용하는 감각으로 충분히 만들 수 있다.

나는 IBM의 '홈페이지빌더'라는 소프트웨어를 사용하고 있는데 효율성이 좋고 홈페이지를 만드는 작업을 쉽게 진행할 수 있기 때문에 요긴하게 쓰고 있다.

또, 인터넷상에 가게를 내려면 비용이 거의 들어가지 않는다.

인터넷 상점이라면 실패하더라도 충격이 적다. 처음에 손을 댄 상품이 팔리지 않을 경우에 다른 상점으로 바꾸는 것도 간단하다.

가게를 가지려면 우선 인터넷 상점부터 시작하자.

인터넷 상점

실 전
7

인터넷에서 가게를 낼 경우, 작업 순서는 다음과 같다.

스텝 1. 판매할 상품 또는 서비스를 정한다.

스텝 2. 홈페이지를 만든다.

스텝 3. 홈페이지에 고객을 모은다.

스텝 4. 상품이나 서비스를 판매한다.

물론, 인터넷에 관한 지식이 전혀 없거나 홈페이지를 만들어본 경험이 전혀 없는 경우, 스텝 1을 실행하기 전에 홈페이지를 만들기 위한 '공부'가 필요하다.

이제, 각 스텝의 포인트를 설명해보자.

STEP❶ 판매할 상품 또는 서비스를 정한다.

인터넷 상점이 성공을 거두는 열쇠는 '상품 또는 서비스 선택'이다. 상품이 보잘것없으면 인터넷 상점은 성립할 수 없다.

대부분의 사람들은 이렇게 생각한다.

"인터넷 상점은 왠지 믿을 수 없어. 가능하면 인터넷 상점에서는 물건을 사고 싶지 않아."

그만큼 인터넷 상점은 신뢰성이 낮다.

인터넷 상점에서 상품을 주문할 때는 주소, 이름, 전화번호 등을 전자메일 등으로 송신해야 하는데, 그런 개인정보가 혹시 악용되는 것이 아닌가 하는 불안감이 존재하고, 상품이 확실하게 배달될 것인가 하는 것도 걱정거리다.

따라서 틀에 박힌 홈페이지를 만들고 틀에 박힌 상품을 홈페이지에 늘어놓는 것만으로는 팔리지 않는다. 파리만 날릴 뿐이다.

인터넷 통신판매에서 히트를 치는 것은 특색 있는 상품이나 오리지널 상품이다!

우선, 상품에 대해 생각해 보자. 인터넷에서 판매할 수 있는 상품은 어떤 것일까?

오른쪽의 표에 기본적인 내용을 정리해 놓았으니까 한번 살펴보자.

요컨대, 인터넷에서는 다른 곳에서는 쉽게 구입할 수 없는 상품이어야 팔린다는 뜻이다.

1의 '특색 있는 상품'에 대해서 좀 더 예를 든다면 수제품 양복, 수제품 액세서리 판매 등을 생각할 수 있다.

인터넷 상점의 히트 상품 - 여섯 가지 특징

	상품의 특징	상품 예
1	어중간하지 않은, 특색 있는 상품	천연양조 '간장'을 1년에 한 번, 수량을 한정하여 판매하는 가게.
2	전문성이 높은 상품	전문가가 상품을 추천해 주는 가게.
3	깜짝 놀랄 정도로 진기한 상품	세계에 하나밖에 없는, 수제품을 판매하는 가게.
4	깜짝 놀랄 정도로 가격이 저렴한 상품	시가 10만 원짜리 물건을 5만 원에 판매하는 가게. 더구나 상품은 확실한 것.
5	인터넷으로만 구입할 수 있는 상품	그림 등 오리지널 상품. 직판하는 상품.
6	인터넷으로 구입하면 가격이 저렴한 상품	일반 서적. 성인 관련 상품.

2의 '전문성이 높은 상품'을 예로 들면, '하와이 관련 상품' 판매점도 괜찮다. 중요한 것은 운영자의 전문 지식이 가게의 강렬한 개성이나 매력이 되어 있어야 한다는 점이다.

3의 '진기한 상품'은 '연예인이 사용했던 물건을 파는 가게' 또는 옛날 돈, 우표, 중고 서적을 취급하는 가게도 재미있을 것이다.

4의 '가격이 저렴한 상품'은 브랜드 제품 판매를 생각할 수 있지만 이것은 가짜일 수도 있다는 문제가 발생한다. 따라서 신뢰할 수 있는 구입 루트를 개척한 다음에 시작해야 한다.

6의 '인터넷으로 구입하면 가격이 저렴한 상품'으로는 운영자가 직접 그린 그림이나 직접 쓴 글씨, 운영자가 쓴 서적, 운영자가 만든 조각품 등 오리지널 상품, 또는 인터넷으로 직접 판매하는 한정된 상품 등이 있다.

오리저널 상품은 누구나 개발할 수 있다!

우리 회사에서는 주가그래프를 표시하는 컴퓨터 소프트웨어를 인터넷에서 직판하고 있다. 이것은, 내가 기획하고 개발한 오리지널 상품이다. 이런 오리지널 상품이야말로 인터넷 통신판매에 가장 적합한 상품이다.

"말도 안 돼! 소프트웨어 개발이라니 나는 도저히 할 수 없어!"

이렇게 말하는 사람도 있겠지만 오리지널 상품이라고 해서 어렵게 생각할 필요는 없다.

예를 들어, 당신이 '유머'가 특기이고, 회사의 회식 자리에는 반드시 당신이 참석해야 하는 인기인이라고 하자. 그렇다면 카세트테이프나 MD에 당신의 특기인 '유머'를 녹음해서 그것을 팔면 된다.

그런 상품도 있느냐고 반문할 수 있지만 그런 상품이야말로 가장 적합하다.

일본의 인기 코미디언 기미마로는 자신의 유머를 녹음한 카세트 테이프를 직접 제작해서 관광버스 손님들에게 팔러 다니다가 멋지게 데뷔했다. 누구나 처음에는 초보자이고 무명이다. 당신의 유머가

폭발적인 히트상품이 된다고 해서 이상할 것은 전혀 없다.

개성적인 상품이야말로 인터넷 상점에서 히트를 칠 수 있는 가장 좋은 재료다. 취미를 사업으로 만드는 방법에 대해 설명했듯 자신이 직접 그린 그림을 파는 것도 좋은 방법이다. 소설을 쓰는 사람이라면 컴퓨터로 자신의 책을 만들어 팔면 된다. 나름대로의 노하우가 있으면 그것을 테이프나 비디오에 담아 팔아도 된다.

오리지널 상품이라면 구입비용이 들어가지 않기 때문에 이익률이 매우 높다는 장점도 있다. 반대로, 구입해서 판매하는 방식은 생각보다 이익이 적다.

앞에서 소개한 표 중에서 6의 '인터넷으로 구입하면 가격이 저렴한 상품'으로는 음악 CD 등도 생각할 수 있다.

물론, 일반적으로 유통되고 있는 서적이나 음악 CD를 판매하려면 막대한 재고를 끌어안아야 하고 고도의 검색 시스템을 갖추고 있는 홈페이지를 만들어야 하며 구입 루트를 개척해야 하는 등, 장애가 많아 푸치 창업에는 적합하지 않지만 굳이 해보고 싶다면 포기하지 말고 적당한 방법을 찾아보면 된다.

STEP ❷ 홈페이지를 만든다.

"인터넷 상점을 내려면 컴퓨터에 대해서 잘 알아야 한다."

이것이 일반적인 상식일 것이다.

하지만 현실적으로는 불과 3개월 전만 해도 컴퓨터에 대해서 전혀 몰랐던 사람이 인터넷상점을 개설해서 성공을 거두는 예가 얼마든지 있다. 즉, 운영자의 컴퓨터 실력과 인터넷 상점의 성공은 그다지 상관관계가 없다는 것이다.

단, 성공한 운영자들 대부분은 개점 당시에는 직접 밤을 새워가면서 홈페이지를 만들고 비즈니스를 다른 사람에게 맡기지 않고 인터넷 상점을 운영했다. 그들이 만든 홈페이지는 디자인 면에서 보면 세련된 것은 아니지만 이른바 운영자의 얼굴을 확인할 수 있는 신뢰성이 높은 홈페이지라는 점과 밤을 새워가면서 홈페이지를 만들었다는 열성이 고객에게 전달되어 상품이 팔리는 것이다.

자신의 가게 홈페이지는 직접 만드는 것이 기본이니까 반드시 직접 만들도록 하자. 설사, 당신의 인터넷 상점이 번성하지 않더라도 홈페이지를 만드는 기술을 갖추게 되면 홈페이지작성 대행사업을 할 수도 있다.

푸치 창업에서 성공을 거두려면 이처럼 끊임없는 발상이 중요하다.

STEP❸ 홈페이지에 고객을 모은다.

처음 자신의 홈페이지를 가진 사람은, 이제 전 세계에서 고객이 찾아올 것이라고 생각하기 쉽다.

그러나 홈페이지를 만드는 것만으로 고객이 찾아오는 것은 아니다. 전 세계는커녕 근처의 아주머니 한 명도 찾아오지 않는다. 그 이유는, 당신이 인터넷상에 가게를 개업했다는 사실을 아무도 모르기 때문이다.

홈페이지에 고객이 찾아오게 하려면 인터넷의 특성에 맞게 고객을 모으는 기술이 필요하다. 가장 효과적인 것은 메일매거진 발행이다. 메일매거진으로 홈페이지의 존재를 널리 알려 고객이 홈페이지를 방문하게 만드는 것이다.

메일매거진은 인터넷상의 '전자메일신문' 같은 것이다. 발행사이트를 이용하여 무료로 발송할 수 있다. 메일매거진을 사용하면 수천 명에서 수만 명의 인터넷 사용자들에게 기본적으로는 공짜로 정보를 발신할 수 있기 때문에 비용에 비하여 효과가 크다.

메일매거진을 사용한 마케팅의 자세한 노하우에 관해서는 필자의 메일매거진 '취직하지 마라! 함부로 직장에 들어가지 마라! 자기가 할 일은 직접 만들어라!'를 참고하기 바란다.

STEP ❹ 상품이나 서비스를 판매한다.

자, 드디어 상품과 서비스 판매다.

영업의 기본은 고객의 입장에 서서 생각해야 한다는 것이다. 항상 고객과 자신의 입장을 바꾸어놓고, 어떤 서비스라야 이용할 것인지, 어떤 식으로 대응해 주어야 감동하고 신뢰할 것인지 생각해 본다.

가게는 고객을 위해서 존재한다. 고객의 입장에 서서 운영한다는 것은 인터넷상점뿐 아니라 모든 비즈니스의 기본이다.

인터넷상점의 경우, 메일이 들어오면 즉시 답장을 한다, 홈페이지에는 전화번호를 올려둔다. −전화번호가 올려져 있지 않은 홈페이지가 많다− 전화 문의나 주문에는 즉각적으로 대응하는 등 고객이 안심하고 상품을 구입할 수 있는 시스템을 갖추어야 한다.

참고로, 우리 회사에서는 컴퓨터 소프트웨어를 판매하고 있는데 지원 업무는 토요일과 일요일을 포함하여 아침 10시부터 밤 10시까지로, 기본적으로는 연중무휴다.

주문 접수 체제도 전화, 전자메일, 팩스 등 고객이 편하게 선택할 수 있도록 만들어두었다. 이것들은 모두 고객을 중시하는 서비스다.

순조로운 결제를 위한 연구

대금 회수에 대해 후불 시스템을 취하고 있는 인터넷 상점이 많이 있는데 나는 이런 시스템에 찬성하지 않는다. 아무래도 '미수금'이 발생할 가능성이 높기 때문이다.

지역적으로 멀리 떨어진 곳에 살고 있는 고객이 대금을 결제하지 않는 경우, 그 돈을 받으러 멀리까지 직접 찾아갈 수는 없는 일이다. 메일 주소를 바꾸고 이사라도 간다면 두 번 다시 연락을 취할 수 없다.

지급 방법에 대해서는 기본적으로는 은행 입금이나 우편환을 중심으로 삼아야 한다. 상품에 따라서는 선불을 받으면 팔기 어려운 경우도 있으니까 상황에 따라 달라지겠지만 가능하면 고객이 결제 수수료를 지급해서라도 구입하고 싶어 할 매력적인 상품을 취급하고 대금은 상품과 교환하거나 선불로 회수하는 것이 이상적이다.

인터넷 뱅킹을 이용하는 것도 효과적이다. 예를 들면, 인터넷 뱅킹끼리의 송금은 수수료가 저렴하고 야간이나 휴일에도 송금이 가능하다.

카드 결제는 고객의 입장에서는 편리하지만 상점의 입장에서는 수수료를 지급해야 한다는 부담이 크다.

대기업 쇼핑몰에 가게를 내는 것은
푸치 창업에는 적합하지 않다!

　인터넷상에는 기업화된 쇼핑몰이 있어서 한 달에 소정의 '임대료'를 지급하면 그 쇼핑몰에 가게를 낼 수 있다. 하지만 이렇게 하면 가게를 내는 순간에 고정적인 경비 부담이 발생하기 때문에 상품이 팔리지 않을 경우에는 적자를 낳게 되고 설사 상품이 팔린다고 해도 이익금을 임대료로 지급하게 되어 손익 분기점이 높아진다. 따라서 대기업 쇼핑몰에 가게를 내는 것은 푸치 창업에는 적합하지 않은 방법이다.

　푸치 창업에서는 돈을 들이지 않는 것이 가장 중요하다. 소규모 사업으로 시작해서 정성스럽게 키워가는 것. 그래서 마침내 대기업도 깜짝 놀랄 정도의 개성적이고 멋진 꽃을 피우는 것이 푸치 창업의 목적이다.

미용 마사지전문점

다음에는 현실적으로 가게를 내는 계획이다. 여기에서는, '미용 마사지전문점'을 이용한 푸치 창업을 생각해 보자.

 ## 미용 마사지는 무허가, 무자격으로 시작할 수 있다!

우리가 어떤 비즈니스를 시작하려고 할 경우, 그 비즈니스에 자격이 필요할지도 모른다는 생각에 포기하는 일이 있다.

미용 마사지도 그렇다.

"다른 사람의 몸을 만져서 '치료'하는 행위이니까 의사가 해야 할 일이야. 당연히 공부를 해서 자격증을 따야 할 텐데…."

이렇게 생각해 버리는 것이다.

그러나 피로 회복, 미용, 건강이 목적인 민간요법은 치료 행위가 아니기 때문에 특별한 자격 따위는 필요하지 않다. 즉, 누구나 즉시 개업할 수 있다.

반대로, 앞에서 소개했던 '자택에서 빵을 구워 근처 주민들에게 파는' 사업인 경우에는 특별한 문제가 없어 보이지만 '조리'를 한다는 행위가 포함되기 때문에 반드시 허가를 받아야 한다.

이처럼, 자격이나 허가가 필요하다고 생각했는데 실제로는 특별한 허가가 필요하지 않은 경우가 있고 그 반대인 경우도 있다. 사업을 생각할 때는 우선 이 부분에 대해 확실하게 조사한 뒤에 시작해야 한다.

🏃 우선, '출장 미용 마사지'부터 시작하자!

미용마사지는 이용자의 입장에서 보면 가격이 저렴하다는 것이 매력이다.

문제는 기술 습득인데 우선 다양한 마사지 전문가에게 직접 마사지를 받아보고 마음에 드는 가게에 제자로 들어가 기술을 배우는 방법이 있고, 마사지 전문학원을 이용해서 기술을 습득하는 방법도 있다.

기술을 확실히 갖추기 전에는 역시 친구나 아는 사람을 대상으로 연습을 해야 할 필요가 있다. 그렇게 하면 귀중한 충고를 들을 수 있다.

일의 형식으로는, 일단은 가게를 내지 말고 출장서비스부터 시작해야 한다. 미용 마사지전문점은 가게만 내지 않으면 자금을 거의 들이지 않고 개업할 수 있다. 출장서비스로 고정 고객을 확보하여 어느 정도 궤도에 오르면 자택의 방 하나를 '가게'로 꾸미면 된다.

미용마사지는 건강과 관련이 있는 비즈니스이기 때문에 건강용품 판매도 겸할 수 있고, 연구하기에 따라서는 충분히 전업으로 삼을 수도 있다. 부부가 함께 일한다면 수입도 늘어날 것이다.

발 마사지, 출장 시술합니다.
피로를 풀어주어 편안하게!

● 마사지 메뉴

1. 기본 코스(20분)---10,000원
2. 집중 코스(40분)---20,000원
3. 추천 코스(60분)---40,000원

※ 각 코스의 자세한
   문의는 전화로!

※ 출장 요금은
   무료입니다.

예약은...

080-1234-5678
마사지하우스 담당 : 돈벌레

멋진 비즈니스 아이디어가 떠올랐습니다. 지금 다니는 회사를 그만두고 주식회사를 설립해서 친구와 아는 사람들로부터 출자를 받아 한번에 승부를 내고 싶은데 어떻겠습니까?

A 일단은 회사는 그냥 다니면서 푸치 창업을 하십시오. 회사를 설립하는 것은 사업이 궤도에 오른 이후에 해도 늦지 않습니다.

독립적으로 창업을 했다가 실패하게 되는 전형적인 패턴입니다. 즉, 비즈니스를 진행하는 순서가 반대입니다.

1. '회사를 그만둔다' → 2. '회사를 만든다' 가 아니라 1. '푸치 창업을 한다' → 2. '사업이 궤도에 오르면 현재 다니고 있는 회사를 그만둔다' → 3. '수입이 안정, 향상되면 독립적인 회사를 차린다' 가 올바른 순서입니다.

우선, 현재 다니고 있는 회사는 그대로 다니면서 푸치 창업을 하여 그 비즈니스 아이디어가 정말 훌륭한 아이디어인지, 실제로 돈벌이가 되는지 시험해 보십시오. 그 다음에, 실제로 큰 이익이 있다면 회사를 그만두는 방안을 생각해 봅니다.

회사를 그만두고 전업 체제로 사업을 확대해서 연간 이익이 어느 정도 되면 그 시점에서 독립적인 회사를 창업하는 것입니다.

회사의 상황이 좋아지더라도 외제차를 구입하거나 건물을 짓는 행동은 하지 말아야 합니다. 사업이 조금만 풀리지 않아도 회사는 간단히 무너지기 때문입니다. 종업원도 늘리지 않는 것이 좋습니다. 가능하면 아르바이트나 파트타임으로 고용해서 활용하는 것이 바람직합니다. 어느 정도 안정기 되더라도 들뜨지 말고 건실하게 경영하지 않으면 일시적으로 성공을 거두었다고 해도 그 성공이 오랜 시간 동안 지속되기 어렵습니다. 큰돈을 번 것도 아닌데 사장이니까 벤츠 정도는 굴려도 된다는 식의 허세를 부려 생활이 갑자기 화려해지는 사람은 파멸형 경영자입니다.

비즈니스는 형식에 얽매이면 실패합니다. 초라한 사옥에 중고 설비, 국산 중고차를 타고 다니는 사장. 겉모습은 이렇게 보인다 해도 재무 상태가 완벽한 회사가 우량기업입니다.

비즈니스는 도박이 아닙니다. 친구나 아는 사람을 비즈니스에 끌어들였다가 실패하게 되면 평생 그 오명을 씻을 수 없습니다.

09 가만히 앉아서도 돈을 벌 수 있는 구조를 만들어라!

일하지 않고 먹고산다는 것은 확실히 성실하지 않은 듯한 느낌이 든다. 그러나 일하지 않고도 먹고살 수 있는 상황을 만드는 것은 사실 매우 바람직한 사고방식이다.

🏃 일하지 않아도 돈이 들어오는 상황을 만들어라!

여기에서 한 가지 상상을 해보자.

만약 당신이 매일 반드시 해야 할 일이 없고, 당연히 출근도 하지 않으면서 매달 수백만 원의 수입이 들어온다면 어떨까? 당신은 어떤 집에 살면서 어떤 옷을 입고 무엇을 하고 있을까? 어떤 기분일까? 가능하면 구체적으로 상상해 보기 바란다.

이런 상황을 상상했을 때, 가슴이 두근거리고 몸 전체에 뿌듯한 감각이 느껴진다면 당신은 돈에 대한 자유를 손에 넣을 수 있는 사람이다.

모든 비즈니스의 최종 목표는 일하지 않아도 돈이 들어오는 상황을 만드는 것이다.

실제로, 일하지 않고도 돈을 버는 사람, 즉 돈에 대해 완전한 자유를 손에 넣은 사람을 나는 몇 명이나 알고 있다. 또, 지금부터 1

년 후에는 당신이 그런 사람이 될지도 모른다.

말도 안 되는 소리라고 부정하는 분도 있을 것이다. 한편으로는, 일하지 않고 돈을 번다는 것은 성실하지 못한 사고방식이라고 비난하는 분도 있을 것이다.

일하지 않고 먹고산다는 것은 확실히 성실하지 않은 듯한 느낌이 든다. 그러나 일하지 않고도 먹고살 수 있는 상황을 만드는 것은 사실 매우 바람직한 사고방식이다.

왜냐하면, 일하지 않고도 돈을 벌 수 있다면 그 사람은 정말 하고 싶은 일을 할 수 있기 때문이다.

당신이 일하지 않고도 먹고살 수
있는 방법을 생각해 냈다고요?
어떻게 하는 거예요?

당신이 일하면 돼.

당신이 회사원이고 월급 이외에 몇 백만 원의 수입이 안정적으로 들어온다고 하자. 그럴 경우, 당신이 회사에서 하는 일을 즐긴다면 그대로 다니면 되고, 그만두고 싶다면 당장 그만두고 여행이든 낚시든 하고 싶은 일을 하면 된다.

자영업자인 경우에는 일하지 않고도 돈을 벌 수 있는 상황을 만들 수 있다면 컨디션이나 기분에 맞추어 일의 양을 자유롭게 조절할 수 있다. 자기가 하고 싶은 일을 무리하지 않는 범위 안에서 즐기면서 할 수 있다.

"한 달 일하면 한 달은 쉬어야지. 그래, 하와이에 가볼까? 아니면…."

이런 생활이 현실로 나타나는 것이다. 다시 한번 말하지만 그런 사람은 실제로 얼마든지 있다.

일하지 않고도 돈을 벌 수 있는 상황을 만드는 가장 간단한 방법은 자신의 비즈니스를 만들어 그것을 자동화하는 것이다. 비즈니스 자동화에 성공하면 당신은 거의 일을 하지 않고 이익만 거둘 수 있다.

푸치 창업을 위한 여섯 번째 발상법을 떠올려보자.

다른 사람의 노동력을 이용하여 푸치 창업을 할 수는 없는가?

이것은 '비즈니스를 자동화할 수 없는가?' 하는 접근 방법이다.

자기는 직접 일하지 않고, 다른 사람의 능력을 잘 활용하여 비즈니스를 할 수는 없는지 생각하는 것이다. 자, 이 발상을 근거로 구체적인 사업 계획을 세워보자.

다른 사람을 활용한다는 발상을 바탕으로 가장 먼저 검토해야 할 대상은 당신의 부인이다.

내가 아는 사람 중에 자택에서 제빵교실을 운영하는 주부가 있다. 오전 두 시간을 수업에 할애하는데, 수업료는 재료비를 포함해서 1인당 1회에 2만 원 정도다. 재료비는 1인당 5천 원도 들어가지 않고 한 번에 8-10명 정도의 학생들을 가르칠 수 있기 때문에 사람만 모을 수 있다면 충분히 비즈니스가 된다.

이 부인은, 어린 자녀가 있지만, 아이를 돌보면서 수업을 진행하고 있다. 일을 한다는 것은 힘이 든다는 단점도 있지만 즐거움과 삶의 보람을 느낄 수 있다는 장점도 있다. 부인이 자신 있는 분야 중에서 비즈니스로 활용할 것은 없는지 한번 진지하게 의논해 보는 것도 좋을 것이다.

자기가 바쁘다고 해서 푸치 창업을 포기해서는 안 된다. 자기가 바쁘면 다른 사람을 활용하는 비즈니스를 생각하면 된다.

그렇다면 다른 사람의 노동력을 활용하는 구체적인 비즈니스 사례로서 '가정교사 파견사업'을 소개해 보자.

가정교사 파견사업

초·중고생의 가정에 가정교사를 파견하는 비즈니스로 가정교사를 찾고 있는 사람과 가정교사가 되고 싶어 하는 사람을 연결해 주는 일이다. 자기 자신은 중개, 알선을 할 뿐 직접적인 일은 하지 않는다.

 ## 가정교사 파견사업은 '삥땅' 사업?

보통, 가정교사라고 하면 '대학생'을 연상하지만 가정교사를 부탁하는 쪽의 입장에서 보면 믿음직스럽지 못한 점이 있다.

그래서 기존업자와의 차별화를 도모하기 위해, 경험이 풍부하고 지도력이 있는 사회인 가정교사를 파견하는 가정교사 파견사업을 생각해 보았다.

불황일 때는 아르바이트를 하고 싶어 하는 사회인이 많기 때문에 선생님을 확보하는 것은 어렵지 않은 일이다. 학생도 수요는 얼마든지 있다.

가정교사 파견사업은 나쁘게 표현하면 이른바 '삥땅' 비즈니스다. 즉, 학생으로부터 시간당 2만 원의 보수를 받아 1만 5천 원을 선생님에게 주고 5천 원을 삥땅치는 것이다.

그 대신, 가능하면 학생이 원하는 선생님을 안정적으로 파견해 주어야 하고, 선생님에게는 일이 끊이지 않도록 지속적으로 학생을 소개해 주어야 한다.

9장::: 가만히 앉아서도 돈을 벌 수 있는 구조를 만들어라! ▶▶ 185

가정교사를
해보지 않겠습니까?

사회인 가정교사 모집!

초·중고생의 학습지도를 할 수 있는
사회인(남녀)을 모집합니다.
여가를 이용하여 학생들을 지도해
보시지 않겠습니까?
학생들이 당신을 기다립니다!

※ 모집 연령: 25세-40세까지

☎ 일단 전화를!

080-1234-5678
가정교사 동아리 (담당 : 돈벌레)

가정교사
좋은 선생님을 파견해 드립니다.

초·중·고 5과목 지도!

학생에게 가정교사를 붙여주고 싶다.
하지만 대학생 가정교사는 미덥지 못하다.
가정교사 동아리는
경험이 풍부하고 지도력이 있는
사회인 선생님(남녀)을 파견해 드립니다.

※ 성별, 경력 등을 참고로
   선생님을 선택하세요!

☎ 문의는...

080-1234-5678
가정교사 동아리 (담당 : 돈벌레)

직접적인 계약을 방지하는 것이 성공의 열쇠

이 일의 문제점은 학생이 선생님과 직접적인 계약을 체결하고 싶어 한다는 것이다.

즉, 학생의 어머니가 선생님에게 이런 식으로 교섭을 하는 경우가 끊임없이 발생한다.

"우리는 2만 원을 지급하고 있는데 선생님은 얼마를 받으세요? 어머, 1만 5천 원이요? 말도 안 돼. 그럼 1만 8천 원을 드릴 테니까 우리하고 직접 계약하시는 게 어때요? 그렇게 하면 우리도 이익이고 선생님도 이익이잖아요."

따라서 선생님은 물론이고 학생(학부모)과도 첫 단계에서 엄격한 벌칙 규정을 말해 두어야 한다. 어떤 식으로 부정 계약을 막는가 하는 것이 이 사업의 성공 포인트다.

또, 불성실한 가정교사가 한 명이라도 섞여 있으면 이미지를 잃게 된다. 따라서 가르치는 방법은 물론이고 예의, 매너, 복장, 태도 등 나름대로 교육을 시킨 다음에 현장에 파견해야 한다. 자기 자신이 가정교사로 일했던 경험이 있다면 큰 도움이 될 것이다.

전단은 학생 모집용과 선생님 모집용의 두 종류를 준비해야 한다. 계약서, 규정 등 나름대로 신경이 많이 쓰이지만 일단 궤도에 오르면 특별히 일하지 않고 수수료를 받는 시스템이 만들어진다.

일하지 않고도 돈을 벌 수 있는
상황을 만들기 위한 네 가지 조건

일하지 않고도 돈을 벌 수 있는 상황을 만들려면 자신의 사업을 만들어 계획적으로, 그것을 자동화할 필요가 있다.

바꾸어 말하면, 처음부터 장래에 자동화할 가능성이 있는 사업을 선택해야 할 필요가 있다는 뜻이다.

자기가 평생 열심히 일을 해야 돈이 되는 사업은 바람직하지 않다.

돈에 대해 완전한 자유를 얻고 싶다면 장래에 자동화할 수 있는 사업, 또 마음만 먹으면 언제든지 다른 사람에게 매각할 수 있는 사업에 손을 대야 한다.

당신이 앞으로 시작하려는 사업이 다음의 네 가지 조건을 충족시킨다면 당신은 노력하기에 따라 장래에 일하지 않고도 돈을 벌 수 있는 상황을 만들 가능성이 있다.

1. 일단, 푸치 창업 스타일로 가볍게 시작할 수 있다.
2. 그것을 전업 체제로 발전시킬 수 있다.
3. 장래에 자동화할 수 있다.
4. 마음만 먹으면 언제든지 다른 사람에게 매각할 수 있다.

불로 소득을 올리기 위한 두 가지 길

푸치 창업을 위한 마지막 발상법이다.

푸치 창업을 해서 불로 소득을 올릴 수는 없는가?

즉, 일하지 않고 수입을 올리는 방법을 생각하는 것이다.

대표적인 불로 소득의 하나로 '은행 이자'가 있다.

일반적으로, 불로 소득을 올리려면 종자돈이 필요하다. 또, 종자 돈이 거액일수록 손에 넣을 수 있는 불로 소득 금액은 증가한다.

반대로, 만약 지금 당신이 어느 정도의 저축을 하고 있다면 그 돈 을 놀리지 말고 불로 소득을 올릴 수 있는 운용 방법을 생각해야 한다.

갑자기 당신의 한숨 소리가 내 귀에 들린다.

"뭐야. 그럼 안 되잖아. 나는 30만 원밖에 없는데."

이제 곧 아이디어가…

주물럭주물럭

내가 섞어줄까요?

하지만 걱정할 필요는 없다. 불로 소득을 올리는 데는 두 가지 길이 있으니까.

하나는 돈이 돈을 낳게 하는 방법이다. 또 하나는 지혜를 활용하는 방법이다. 따라서 돈이 없으면 지혜를 활용하면 된다.

부동산투자나 주식투자에는 투자 자금이 필요하지만 발명은 그렇지 않다. 소설이나 음악을 만들어서 인세를 버는 방법도 있고, 판매 촉진을 위한 기획을 매수해 주는 회사도 있다.

예를 들어, 당신이 제시한 판매 촉진 아이디어에 의해 상품이 잘 팔린 경우, 그때마다 매상의 1%를 로열티로 받는다는 계약이 성립된다면?

당신은 일하지 않고 소득을 올릴 수 있지 않은가. 실제로 이런 '로열티사업'으로 먹고사는 사람도 있다.

그러니까 머리를 유연하게 만들어 여러 가지 가능성을 생각해 보자.

포인트는, 틀림없이 방법이 있다고, 할 수 있다고 생각하고 아이디어를 창출해 내기 위해 끊임없이 노력하는 것이다.

불로 소득을 얻으려는 당신에게 있어서 가장 큰 적은 당신의 내부에 존재하는 이런 심리다.

"안돼. 어차피 불가능한 일이야."

즉, '포기'라는 심리다. 이런 부정적인 생각을 하는 순간, 당신의 머리는 사고가 정지되어버린다.

또, 역설적인 표현인지는 모르지만 불로 소득을 올리려면 그 시스템을 만드는 과정에서, 일반적으로 돈을 버는 것과 비교할 때 몇 배, 몇 십 배의 노력이 필요하다. 시간적인 노력이 아닌 질적인 노력이다.

햄버거 상점에서 아르바이트를 하는 것은 간단하지만 시간당 2천 원을 받는 것이 고작이다. 한편, 불로 소득을 올리기 위한 시스템을 만드는 것은 매우 어려운 일이기 때문에 상당한 노력이 필요하지만 일단 시스템이 만들어지면 그 이후에는 일하지 않고 편안히 돈을 벌 수 있다.

아무런 노력도 하지 않고 갑자기 불로 소득을 얻는다는 것은 일반적으로는 있을 수 없는 일이다. 그러나 불로 소득을 얻을 수 있는 사업 아이디어는 한계가 없다.

'할 수 없다', '무리다' 라는 부정적인 사고방식은 버리고 여유 있는 마음으로 즐기면서 다양한 아이디어를 창출해 보자.

Q
장래에 푸치 창업을 하기 위해 자격증을 따려고 합니다. 어떤 자격증을 따는 것이 좋겠습니까?

A
푸치 창업을 할 때는 대부분의 경우, 자격증은 도움이 되지 않습니다. 따라서 굳이 자격증을 취득할 필요가 없습니다.

창업을 목표로 삼는 사람들 대부분이 자격증을 취득할 생각을 하는 것 같습니다. 또, 구체적으로 창업할 예정이 없더라도 일단 취득해 두면 왠지 마음이 놓인다는 이유에서 자격증을 취득하려는 사람도 있습니다. 그러나 자격증이 없으면 개업을 할 수 없는 경우를 제외하면 푸치 창업을 하는 데 자격증은 큰 도움이 되지 않고 필요하지도 않은 것이라고 생각해 두는 것이 좋습니다.

예를 들면, 당신이 컴퓨터교실을 개업하는 것으로 푸치 창업을 시작한다고 합시다. 학생은 교실을 선택할 때 선생님의 자격증에 신경을 쓸까요? 그보다는 교실의 입지 조건은 좋은 편인지, 수업료는 저렴한 편인지, 수업 내용이 어떠한지, 수업은 이해하기 쉽게 진행하는지, 자기에게 맞는 수업 인지, 그 내용이 도움이 되는지, 선생님의 인품은 어떠한지…. 이런 조건을 고려해서 입학을 결정할 것입니다.

그리고 당신이 운영하는 컴퓨터교실의 존재가 알려지지 않으면 당신이 아무리 컴퓨터의 달인이라고 해도 학생은 한 명도 오지 않을 것입니다. 컴퓨터교실을 성공으로 이끌고 싶다면 우선, 학생들이 다니기 쉽고 쾌적한 상태에서 배울 수 있는 교실을 만들고 효과적인 선전을 해서 교실의 존재를 널리 알려야 합니다.

또, 컴퓨터교실에 다니는 학생들의 만족도를 높이려면 각 학생들의 수준에 맞는 교재를 선택하는 식으로 세심한 수업 준비를 하는 노력이 필요합니다. 물론, 컴퓨터에 관한 선생님의 실력도 필요합니다.

저는 컴퓨터교실을 운영한 경험이 있습니다. 지방의 작은 교실이었지만 학생 수는 항상 백 명 정도를 유지했습니다. 그러나 저는 컴퓨터와 관련된 자격증은 가지고 있지 않습니다.

자격증을 취득하기 위해 공부하는 것보다는 고객을 위한 서비스 향상에 시간을 투자하는 것이 더 바람직합니다. 이것이 푸치 창업을 성공으로 이끄는 비결입니다.

10 당신도 반드시 푸치 창업으로 성공할 수 있다!

자신의 기획을 그대로 실행할 수 있기 때문에 가슴을 설레며 일할 수 있다. 일도 놀이도 진심으로 즐길 수 있다. 이것이 자영업자의 매력이다. 이 즐거움을 한번 맛보면 도저히 그만둘 수 없다.

 '절약'에서 푸치 창업으로 발상을 전환하라!

얼마 전, 텔레비전을 보고 있었더니 '절약'을 주제로 한 프로그램이 방송되고 있었다.

우선, 어떤 샐러리맨 부부가 등장한다. 그들이 사는 집은 낡아서 앞으로 10년도 버티지 못할 상황이다.

남편의 월급은 200만 원. 부인은 어린 자녀가 있기 때문에 돈벌이를 할 수 없다.

집을 개축하고 싶지만 개축비용은커녕 매달 생활도 적자여서 엄두도 내지 못한다.

"또 적자예요. 어떻게 해요."

"나도 최선을 다해 노력하고 있지만…. 정말 힘들군."

비장함마저 느껴지는 부부의 대화가 이어진다.

프로그램에서는 '절약' 전문가라는 사람이 등장해서 지출을 세밀

하게 분석한 다음에 식비를 줄이라거나 남편의 용돈을 줄이라는 식
으로 절약하는 방법을 가르쳤다.

나는 평소에 텔레비전을 자주 보는 편이 아닌데 아내에게 물어보
니 최근에 이런 프로그램이 인기를 끌고 있다고 했다.

나는 그 젊은 부부가 안됐다는 생각이 들었다. 정신을 차려보니
눈이 젖어 있었고 그 모습을 본 아내가 웃음을 터뜨렸다.

🏃 절약에는 한계가 있다!
푸치 창업으로 수입을 늘리자

내가 울고 싶었던 이유는 그 부부가 단순히 불쌍해서만은 아니었다.

어째서 수입을 늘린다는 발상을 하지 못하는 것인지 답답했기 때
문이다.

위기에 몰린 생활고를 벗어나려면 '절약'도 필요하다. 하지만 '절
약'에는 한계가 있다. 따라서 좀 더 절약을 할 수는 없는가 하는 발
상이 아니라 좀 더 수입을 늘릴 수는 없는가 하는 발상으로 전환해
야 한다. 돈이 부족하다면 푸치 창업을 해서 수입을 늘리면 되지 않
는가!

이 젊은 부부, 남편의 취미는 낚시와 야구라고 한다. 그렇다면 단
순히 낚시만 즐길 것이 아니라 '어린이 낚시 교실'을 열어보는 것은

어떨까. 근처의 아이를 바다로 데려가서 낚시를 가르치는 것이다.

아이들이 즐거워할 수 있다면 하루에 2, 3만 원 정도는 충분히 지급할 수 있다는 부모는 적지 않을 것이다. 일단 낚시를 하는 방법을 가르쳐주고 자기도 낚시를 즐기며 되니까 일거양득이다.

텔레비전을 지켜보는 동안 내 머릿속에는 여러 가지 푸치 창업 아이디어가 끊임없이 샘솟았다. 그러나 텔레비전 프로그램은 '절약'으로 시작해서 '절약'으로 끝나 버렸다.

일본은 지금 절약 붐이 일고 있다. 서점에서도 〈백만 엔으로 1년을 살 수 있다〉는 식의 제목을 가진 책을 흔히 볼 수 있다.

절약은 어떤 의미에서 보면 '수비적 발상'이다. 지금 필요한 것은 '공격적 발상'이다. 푸치 창업은 게릴라 스타일의 돈벌이를 위한 공격적인 발상이다.

이 책을 읽고 있는 텔레비전 방송국 관계자가 있다면 나를 '절약 프로그램'에 불러주기 바란다.

나 같으면, 생활고 때문에 난처해하는 젊은 부부에게 딱 맞는 푸치 창업을 찾아서 적자를 메우고 집을 새로 지을 수 있는 방법을 제시할 것이다. 다음에는 그런 프로그램을 만들기를 바란다.

악덕 상술을 조심하라!

소중한 돈을 마수에서 지키는 지혜

푸치 창업을 하기로, 수입을 늘리기로 결심한 당신의 눈이 반짝이며 빛날 때, 당신은 확실히 성공에 더 가까이 다가갔다고 말할 수 있는데 그와 동시에 위험에도 노출될 수 있다는 사실을 잊지 말아야 한다.

창업을 해보려는 사람을 노리는 여러 종류의 악덕 상술이 당신의 소중한 돈을 가로채기 위해 다양한 함정을 설치하고 있기 때문이다.

또, 악덕 상술은 아니지만 '독립 창업'에 열을 올리는 사람에게 쓸데없는 지출을 강요하는 악덕업자도 있다.

여기에서는 그런 '마수'로부터 당신을, 그리고 소중한 당신의 돈을 지키기 위한 지식과 지혜를 설명하기로 한다.

 '대리점'을 이용한 사기 패턴을 알아두자!

우선, 대리점 사기의 패턴에 대해 소설 형식으로 예를 들어보자.

당신은 어느 날 아침, 신문에 전단이 끼워져 있는 것을 보았다. '획기적인 청소기'를 판매할 대리점을 모집한다는 광고다. 그 청소기의 가격은 300만 원이라는 고액이지만 대리점이 되지 않으면 판매할 수 없는 특수한 상품이다.

뒷면을 보자. 현재 대리점을 운영하고 있다는 사람의 말을 인용해서 이런 문구가 씌어 있다.

"반신반의하고 가입했는데 판매가 순조롭게 이루어졌습니다. 지금은 한 달에 천만 원을 넘는 수입을 올리고 있습니다. 고객으로부터, 아토피 증상이 호전되었다는 감사 전화를 받을 때는 좋은 일을 하고 있다는 생각에 정말 보람을 느낍니다."

300만 원짜리 청소기이지만 대리점이 되면 150만 원에 구입할 수 있다고 한다.

"이익률 50%의 매력!"

이런 문구가 눈에 들어온다.

"가입비는 불과 500만 원. 3대만 판매하면 본전을 찾을 수 있습니다."

"그래. 내게도 기회가 온 거야."

이렇게 생각한 당신은 즉시 대리점 본부로 전화를 걸어 문의해 보았다.

대리점 본부의 담당자는 매우 친절하게 전화를 받았다.

"많은 분들이 큰 수입을 올리고 있습니다. 지난달에 대리점을 개설한 분은 한 달에 10대를 판매하고 있지요. 한 대에 150만 원씩 이익이 남으니까 꽤 큰돈 아닙니까? 가입을 하시면 어떻게 해야 매상을 올릴 수 있는지 본부에서 직접 지도해 드립니다."

대리점 본부는 친절한 목소리로 자세히 설명해 주었고, 그 이후에 거의 매일 전화를 걸어 주었다.

그러나 당신은 가입할 결심이 쉽게 서지 않아 망설이고 있었다.

 "희망자는 또 있습니다.

하지만 가능하면 선생님이 하시면 좋겠습니다."

그러던 어느 날, 대리점 본부의 담당자에게서 또 전화가 걸려왔다. 전화 목소리를 듣는 것만으로 담당자라는 것을 알 수 있었다.

그날 담당자는 여느 때와 달리 가라앉은 목소리로 이렇게 말을 꺼냈다.

"돈벌레 씨, 사실은 말씀드리기 곤란하지만 돈벌레 씨가 살고 있는 지역에서 대리점을 하고 싶다는 희망자가 또 있습니다. 당장 가입비를 지급하겠다고 말씀하시고 있는데 우리 판매대리점 시스템은 한 지역에 한 대리점으로 정해놓고 있기 때문에 이분이 가입을 하시게 되면 돈벌레 씨는 가입을 할 수 없습니다. 우리 회사의 입장에서는 가능하면 돈벌레 씨에게 대리점을 맡기고 싶어서 이렇게 전화를 드렸습니다. 돈벌레 씨, 만약 오늘 안에 가입을 하시겠다는 답변을 주신다면 돈벌레 씨에게 우선권이 있습니다. 어떻게 하시겠습니까?"

망설이고 있던 당신은 그 말을 듣는 순간, 이렇게 생각한다.

"그래. 이건 하늘이 내게 주는 메시지야. 한번 해보자."

그리고 가입을 결심한다.

당신은 소중한 저금에서 500만 원의 가입비를 지급하고 다시 300만 원을 내고 두 대의 청소기를 구입했다.

며칠 후, 청소기가 도착했다. 포장을 풀러보니 아무런 특징이 없는, 어디서나 흔히 볼 수 있는 청소기 같다. 당신은 뭔가 이상하다는 생각에 불안감을 느낀다.

"그러고 보니 가입한 뒤에 전화가 걸려오지 않았어."

당신은 즉시 담당자에게 전화를 걸어보았다. 그러자 담당자는 부재중이라는 대답만 들을 수 있었다. 다음 날에도 전화를 걸었지만

저 녀석, 전화로 유혹하는 건 우리 업계에서 최고라니까.

아, 네. 그럼요. 많은 분들이 큰 수입을 올리고 있습니다.

담당자는 역시 부재중이었다.

"어쨌든 팔아봐야지."

일단 일을 시작해 보자는 생각에 팸플릿을 들고 아는 사람의 집을 몇 군데 돌아다녔는데 반응이 좋지 않았다.

"돈벌레 씨, 깔끔 전기에서 이것과 비슷한 청소기를 팔고 있습니다. 그런데 가격이 30만 원이에요. 300만 원은 비싸도 너무 비싼 것 같은데요."

한 달 후, 아무래도 안 되겠다고 생각한 당신은 계약을 해약하고 청소기를 반품해야겠다는 생각에 대리점 본부를 찾아갔지만 상대도 해주지 않았다.

지금 가만히 생각해 보니 다른 희망자가 가입비를 지급하려 한다는 이야기도 사실이 아니었던 것 같다.

대부분의 대리점사업은 가입비를 가로채는 사업이다!

대리점사업 중에도 우량업자는 있지만, 대부분은 가입비를 노리는 악덕상술인 경우가 많다.

앞에서 소개한 예도 조금만 생각해 보면 쉽게 속셈을 알 수 있는 뻔한 사기다. 그 정도로 획기적인 청소기라면 본부가 직판을 해서 큰돈을 벌 수 있지 않은가. 팔리지 않는 상품이기 때문에 대리점을 모집해서 가입비를 거두어들이려는 것이다.

대리점을 이용한 대부분의 악덕상술은 앞에서 예를 든 청소기회사 같은 패턴이다. 나는 이런 비즈니스에 걸려들어 손해를 본 적이 있다.

사업은 다른 사람이 만든 시스템에 편승해서는 돈을 벌 수 없다.

당신이 푸치 창업을 할 생각을 했다면 반드시 직접 사업 시스템을 만들어야 한다.

그렇다고 직접 대리점을 모집해서 가입비를 받는 방법으로 돈을 벌겠다는 생각은 하지 말기를.

사회를 위한 확실한 사업을 개발하지 않는다면 의미가 없다.

"돈으로 특별한 권리를 손에 넣어 돈을 벌자."

"편하게 돈을 벌자."

이런 사고방식으로 사업을 하면 악덕상술의 먹이가 된다.

🏃 프랜차이즈사업의 실태를 알라!

프랜차이즈라는 사업 형태가 있는데, 본부에 가입비를 지급하고 가입해서 사업 방식을 지도받는 시스템이다.

편의점 체인, 햄버거 체인, 라면 체인, 학원 체인 등 세상에는 다양한 프랜차이즈사업이 있다.

프랜차이즈 본부 중에는 성공률이 꽤 높은 곳도 있다. 하지만 거액의 가입비가 필요하고, 프랜차이즈 본부에 가입해서 사업을 한다는 것은 결국 독립하는 형태가 아니라 프랜차이즈 본부에 소속된 상태라고 말할 수 있다.

내가 아는 사람 중에 유명한 편의점 체인에 가입한 사람이 있다. 24시간 영업이기 때문에 아르바이트를 모집해서 가게를 운영하고 있는데, 너무 힘들어서 당장이라도 그만두고 싶다고 한다.

그는, 동업자 중에 병에 걸린 사람도 있다고 한숨을 내쉰다. 계약 기간 중에 편의점을 그만둘 경우, 위약금을 물어야 하고 하루라도 마음대로 문을 닫으면 벌칙 규정에 걸린다고 한다. 유명한 프랜차이즈 체인에서도 그 실태는 매우 엄격하다.

또, 프랜차이즈 체인 중에는 가입자의 성공은 전혀 고려하지 않고 가입비를 주요 수입원으로 삼는 악질적인 곳도 적지 않다.

프랜차이즈사업에는 가입하지 말고 흉내 내라!

푸치 창업을 지향하는 우리의 입장에서는 프랜차이즈에 가입하는 것이 아니라 프랜차이즈 본부가 전개하고 있는 사업을 혼자 힘으로 해볼 수는 없는지, 흉내 낼 수는 없는지 생각해 보아야 한다.

예를 들어, 개별 지도를 하는 학원 체인이 있다고 하자. 이 체인에 가입한다고 해도 선생님 모집이나 학생 모집을 본부가 대행해 주는 것은 아니다. 전단을 만들어주는 것이 고작이다. 더구나 그 전단을 제작하는 비용도 확실하게 받아간다.

그렇다면 직접 '개별 지도 학원'을 만들 수는 없는지 생각해 보자. 직접 운영한다면 본부에 지급하는 가입비나 로열티를 광고비로 대처할 수 있다. 또, 그만큼 수업료도 내릴 수 있다.

대리점사업이든 프랜차이즈사업이든 푸치 창업을 지향하는 우리는 우선 그런 상술에 편승하지 않는 것을 기본으로 생각해야 한다. 소규모 사업이라도 상관없다. 어디까지나 자신의 힘으로 자본을 들이지 않고 시작해야 한다. 이것이 푸치 창업의 정신이다.

덧붙여, 프랜차이즈 본부의 자료에는 그 사업과 관련된 노하우가 모두 갖추어져 있다. 따라서 가입을 검토해 보겠다고 말하면 좋포를 견학하게 해주는 경우도 많다. 나 같으면, 프랜차이즈 본부에서 공짜로 받는 자료를 수집하거나 견학을 해서 노하우를 모아 비슷한 사업을 혼자 힘으로 시작할 것이다. 그렇게 하는 것이 훨씬 더 재미있고 수입도 크기 때문이다.

물론, 상표를 흉내 내거나 프랜차이즈 본부가 가지고 있는 권리를 침해하는 위법 행위는 절대로 하지 말아야 하지만, 사업의 에센스를 참고하는 것이라면 문제가 되지 않는다.

다단계판매사업에는 문제가 많다!

푸치 창업을 하려는 당신을 노리는 마수는 그 밖에도 많이 있다. 예를 들면, '다단계판매사업'이다. '다단계판매사업'이라고 하면 즉시 악질적인 상술이라고 생각하기 쉽지만 이른바 멀티레벨마케팅(MLM)이라는 사업의 한 종류이며, MLM 그 자체는 위법이 아니다. 그러나 다단계판매사업에는 여러 가지 문제점이 많다.

'다단계판매사업'은 대부분 친구나 아는 사람을 가입시켜 비즈니스를 전개한다.

"오이, 오랜만이야. 잘 지내? 그런데 자네에게 도움이 되는 이야기가 있어. 한번 들어보지 않을래?"

이런 식으로 내용을 밝히지 않은 채 일단 세미나나 설명회, 또는 파티에 유혹한다.

친구가 하는 말이니까 아무 생각 없이 나가보면 다단계판매사업 분야에서 성공을 한 사람이 단상에 서서 자신의 성공담을 이야기하는 것이 틀에 박힌 패턴이다.

한 달 수입이 5천만 원이라거나 1억 원이라고 주장하면서 하와이에 별장을 가지고 있다, 외제 고급승용차를 타고 다닌다는 식으로 일상생활과는 동떨어진 이야기가 계속 이어진다. 그리고 이 사업을 하면 당신도 성공할 수 있다고 말한다. 다구나 일단 성공을 하면 아무 일도 하지 않아도 큰돈이 통장에 입금된다고 설득한다.

사업에 참가하려면 수십만 원어치의 화장품이나 건강식품, 또는 속옷 등을 구입해서 회원이 되어야 하는데 이것이 다단계판매사업의 전형적인 유혹 패턴이다.

🏃 다단계판매사업의 실태

무슨 일이든 직접 해보지 않고는 직성이 풀리지 않는 행동파인 나는 다단계판매사업에도 기웃거려본 적이 있다. 그러나 석 달 만에 이건 할 일이 아니라는 생각에 그만두었다.

확실히 그 세계에서 성공한 사람으로 불리는 사람은 나름대로 수입을 올리고 있었다. 하지만 성공할 수 있는 사람은 회원 천 명 중에 한 명 정도밖에 되지 않는다.

또, 성공하게 되는 것은 노력 때문이 아니라 대부분의 경우 운이다.

성공한 사람의 생활도 비참한 경우가 많다. 우선, 쉬지 않고 출장을 다니며 생활해야 하기 때문에 집으로 돌아갈 틈이 없다. 조금만 마음을 놓고 있으면 자신의 판매망이 무너져버리기 때문에 이곳저곳 정신없이 뛰어다니며 하부 조직에 박차를 가해야 하는 것이다.

휴대전화는 하루 종일 울려댄다.

"○○가 그만두겠다는데 어떻게 해야 합니까?"

"제품에 문제가 생겼습니다. 사용자가 불평을 하는데 어떻게 하지요?"

이런 식으로, 하부 조직의 멤버로부터 상담 전화가 끊임없이 걸려온다. 이런 전화를 무시하면 역시 자신의 판매망이 무너지기 때문에 성공한 사람이라고 해도 현실적으로는 상당한 중노동에 시달린다.

또, 취급하는 상품에 건강식품이나 화장품 등이 많다는 것도 문제다. 예를 들어, 암이 낫는다는 식으로 과대광고를 하게 되면 약사법 위반이 된다. 판매를 지나치게 강요했다면 방문판매법 위반이다. 자기 자신이 깨닫지 못하는 동안에 위법 행위를 저지르는 경우도 많은 것이다.

열심히 일하는 동안에 신흥 종교의 신자처럼 변해서 행동 패턴이 상식적인 궤도를 벗어나는 경우도 있다.

일종의 세뇌 상태가 되어 누가 뭐라고 해도 자기는 이 사업으로 반드시 성공한다는 식으로 열을 올리며 이야기하기 시작한다.

"요즘, 너 눈빛이 이상해졌어. 무섭다."

친구들에게 이런 말을 듣게 된다면 이미 말기 증상이다.

문득, 정신을 차려보면 주위에는 가족도 없고 친척도 없다. 물론, 친구도 없다.

최근에는 인터넷상에도 이런 종류의 상술이 만연하고 있다.

"당신도 벼락부자가 될 수 있다!"

이런 식으로, 내용이 애매한 광고를 보면 일단 다단계판매사업을 의심해 보아야 한다.

또, 다단계판매사업은 유명인사를 모델로 내세우는 경우가 많다. 그렇게 해야 유명인사가 권하는 것이니까 마음을 놓아도 된다고 믿게 되기 때문이다. 따라서 이런 유혹에 넘어가지 말아야 한다.

양식사업

"개구리 양식으로 한 달에 500만 원을 벌 수 있다."

이런 식으로 대리점 가입을 권하는 '양식사업'이 있다.

다 자란 개구리나 귀뚜라미를 본부가 매수해 준다는 식의 시스템인데 가입을 하려면 고액의 가입비가 필요한 경우가 많다.

그중에는 확실한 업자도 있을지 모르지만 매수 가격이 터무니없이 낮거나 본부가 사라져버리는 등 문제가 있는 업자도 많으니까 함부로 가입하지 말아야 한다.

자격시험사업

자격시험 합격을 미끼로 이용하는 상술도 있다.

우선, 전화나 DM으로 안내장이 날아온다.

"국가 자격시험인 ○○사 자격을 취득하자. 지금이 가장 유리!"

이런 내용이다.

흥미를 느낀 당신이 전화를 걸어 문의하면, 단순히 문의만 했을 뿐인데 교재가 배달되어 오고 수십만 원의 청구서가 날아온다.

확실한 교육기관과 구별하기 어렵기 때문에 이것 역시 주의해야 한다.

 ## 당신도 반드시 푸치 창업을 할 수 있다.

성공을 위한 어드바이스

나는 지금까지 한 번도 취직을 해본 적이 없이 줄곧 자영업으로 먹고살았다.

자영업은 정말 편하다. 내가 할 일의 내용이나 수입을 마음대로 컨트롤할 수 있기 때문이다. 그리고 자영업이라면 다음과 같은 이상적인 생활을 할 수 있다.

자기가 원하는 일만 할 수 있다. 하기 싫은 일은 하지 않아도 된다.

자기가 원하는 날에 자기가 원하는 시간만큼 자기가 원하는 일을 할 수 있다. 일하고 싶지 않은 날에는 쉬면 된다.

수입이 부족하면 일을 늘리면 된다. 수입이 좋아 쉬고 싶을 때는 일을 줄이고 쉴 수 있다.

🏃 당신도 푸치 창업을 해서 행복해지자!

내 경우, 1년에 여름과 겨울 두 차례 2주일씩 휴가를 즐긴다. 이 2주일의 휴가는 내게는 물론이고 가족에게도 큰 즐거움이다.

작년 여름에는 10일 동안 하와이 여행을 다녀왔다. 겨울에는 책을 읽고 싶었기 때문에 많은 양의 책을 구입해서 독서 삼매경에 빠졌다.

지금도 평소보다 일을 줄이고 글을 쓰고 있다. 글을 쓰고 싶으니까 쓰는 것이다. 이 작업이 끝나면 인터넷과 관련된 새로운 일에 손을 대볼 생각이다.

모든 일을 마음대로 컨트롤할 수 있다. 자신의 기획을 그대로 실행할 수 있기 때문에 가슴을 설레며 일할 수 있다. 일도 놀이도 진심으로 즐길 수 있다. 이것이 자영업자의 매력이다. 이 즐거움을 한 번 맛보면 도저히 그만둘 수 없다.

자영업이라면 터무니없어 보이는 거대한 '꿈'을 가질 수 있다. 만약 성공하면 상상도 해보지 못한 고수입을 올릴 수도 있다. 고객의 '고맙다'는 반응이 직접적으로 내게 전달된다는 것도 큰 기쁨이다.

나는 남자로서 정말 행복한 사람이라고 생각한다. 남자가 평생에 걸쳐 가장 많은 시간을 할애해야 하는 '일'이 견딜 수 없을 정도로 재미있기 때문이다.

나는 줄곧, 내 일을 내 손으로 창조하면서 살아왔다. 시간을 잊고

몰두할 수 있는 재미있는 일, 보람을 느낄 수 있는 일을 직접 창조
하면서 살아왔다. 내가 하고 있는 일은 특별한 일은 아니다. 발상을
약간 바꾸는 것만으로 누구나 할 수 있는 일이다.

물론, 당신도!

이제 마지막으로, 내가 당신에게 보내는 '성공을 위한 어드바이
스'를 선물하고 싶다.

🏃 오기를 가져라!

당신은 텔레비전에 미국 프로야구에서 활약하고 있는 선수들이
비쳤을 때, 어떤 느낌을 받는가.

예를 들어, 이런 보도가 나왔다고 하자.

"박찬호 선수의 연봉이 드디어 160억."

내 경우에는 즉시, "160억? 그게 어쨌다는 거야!"라는 대항의식
을 드러낸다.

이런 식이다.

"연봉 160억 원? 뭐야. 별것도 아니잖아. 두고 보라지. 나는 반
드시 박찬호를 이길 테니까."

물론, 나는 야구로 승부를 겨룬다는 뜻은 아니다. 수입 면에서 이
기겠다는 뜻이다. 그리고 이건 당연히 단순한 오기다.

일반적으로는 '연봉 160억'이라는 보도를 들었을 때, 이렇게 생각할 것이다.

"뭐라고? 하하하. 160억? 그래, 노는 물이 다르니까. 나는 160만 원도 없는데….."

그리고 풀이 죽은 표정으로 길게 한숨을 내쉴 것이다. 하지만 이런 보도에 풀이 죽는다면 발전 가능성이 없다. 즉, 당신의 패배다.

설사, 무리가 있더라도 강한 오기를 가져야 한다.

"160억? 뭐야, 별것 아니잖아. 나도 기회가 오면 얼마든지 성공할 수 있어. 내가 박찬호에게 질 이유가 없지. 언젠가 반드시 이겨주마!"

이런 사고방식이 중요하다.

성공한 사람들의 공통점은 이처럼 '강한 오기'다. 일단 현실적인 상황 따위는 무시하고 "160억 따위가 뭐야!"라는 식으로 강한 반발과 오기를 가져야 한다.

마음속의 장벽을 만들지 마라!

내가 항상 신경을 쓰고 있는 부분은 마음속의 장벽을 만들지 않는다는 것이다.

텔레비전 등에서 대활약하고 있는 스포츠 선수를 보았을 때, 또는 비즈니스로 대성공을 거둔 사람을 보았을 때, 그들을 다른 세계에서 살고 있는 사람으로 보지 말고 이런 식으로 생각하는 것이 바람직하다.

"후후후. 내 라이벌이군. 그래, 꽤 능력이 있는데. 하지만 두고 봐. 언젠가 내가 반드시 이겨 보일 테니까, 후후후."

처음과 마지막의 '후후후'는 여유 있는 웃음을 표현한 것이다. 이것도 역시 오기다.

구체적으로는 앞에서 설명한 대로 박찬호 선수를 '라이벌'이라고 생각하고 있지만 사실 다른 사람이 들으면 어이가 없어 웃음을 터뜨릴 것이다.

내 마음대로 '라이벌'이라고 생각해도 박찬호 선수는 당연히 나를 전혀 모르고 있지 않은가.

그러나 그가 다른 세계에 살고 있는 사람이라고 생각하는 것은 '포기'다. 성공한 사람을 다른 세계에 사는 사람이라고 생각하는 것은 자신의 가능성을 폐쇄하는 사고방식이다. 그렇기 때문에 현실적인 상황을 무시하면서도, "나도 가능성이 있다!"는 식으로 성공한 사람을 라이벌로 보아야 한다.

그렇게 하면 저절로 의욕이 솟구친다.

내 경우, 이렇게 글을 쓰려다 보니까 사적인 생각까지 밝혔지만 당신은 박찬호 선수를 라이벌로 생각하더라도 혼자만 아는 비밀로 해두면 된다.

자, 오늘부터 당장 텔레비전에 비치는 라이벌을 노려보면서 마음속으로 마음껏 여유를 부려보자. '후후후' 하고.

처음에는 한심한 행동이라는 생각에 거부감을 느낄 수도 있다. 하지만 계속 연습을 하는 동안에 점차 정말로 라이벌처럼 느껴지게 되니까 신기한 현상이 아닐 수 있다.

🏃 무슨 일이 있어도 양보할 수 없는 자기만의 시간을 가져라!

당신은 무슨 일이 있어도 양보할 수 없는 자기만의 시간을 가지고 있는가?

"저녁 9시부터 10시까지는 사업 계획을 짜는 시간이야. 이 시간만큼은 무슨 일이 있어도 양보할 수 없어."

이런 식으로 소중한 시간을 가지고 있는가?

또, 하루 24시간을 잘 나누어 사용하고 있는가?

"이 시간대에는 반드시 이 일을 할 거야."

이런 스케줄이 정기적으로 짜여져 있는가. 만약 시간 관리가 애매하다면 오늘부터 당장 스케줄을 짜서 '무슨 일이 있어도 양보할 수 없는 자기만의 시간'을 만들자.

나는 표어를 만드는 것을 좋아한다. 그리고 내가 만든 표어를 컴퓨터 책상 주변에 덕지덕지 붙여둔다. 그중에는 이런 표어도 있다.

"오늘 잘못을 깨달았으면 오늘 안에 바로잡는다!"

"오늘 할 수 없는 일은 평생 할 수 없다!"

너무 엄격하다는 비판이 있을 수 있지만 사실 맞는 내용이라고 생각한다.

자, 오늘부터 당장 '무슨 일이 있어도 양보할 수 없는 시간'을 확보하자. 그리고 푸치 창업을 준비하자.

확보되는 시간이 15분 정도라도 상관없다. 장소는 출퇴근 전철

안이라도 된다. 시간을 할애해서 '푸치 창업을 위한 아이디어 개발'이나 사업 계획 작성을 매일의 일과로 삼자. 습관이 될 수 있도록 만들자.

불과 15분의 습관이 언젠가 당신의 인생을 바꾸어놓을 것이다.

사업 계획은 5W 2H로 만든다!

푸치 창업은 우선 '사업 계획'을 세우는 것부터 시작된다. 그렇다고 어렵게 생각할 필요는 없다.

"지금 다니고 있는 회사가 망한다면 현재 회사에서 하고 있는 일과 똑같은 업무를 독립적으로 실행해 보자."

"만약 남편 회사가 망한다면 제과점을 해보자. 그래, 지금부터 준비해 두어야지. 왠지 가슴이 설레는데."

이런 발상으로 충분하다. 항상 다양한 '사업 계획'을 구상해 두는 태도가 중요한 것이다.

일반적으로 '사업 계획'이라고 하면 수십 페이지에 이르는 엄청난 양의 문서를 떠올리기 쉽다. 하지만 분명하게 말해서 그런 문서 따위는 필요 없다.

제과점을 하고 싶다면 A4 용지와 펜을 준비해서 '○○베이커리 창업 계획'이라는 식으로 제목을 쓰고, 편안한 마음으로 생각이 떠오르는 대로 아이디어를 적으면 된다.

언제, 어디서, 누가, 누구를 위해, 어떤 식으로 운영할 것인가 하는 식으로, 기본적으로 정해야 할 사항들을 적어나가는 것이다.

사업 계획에 필요한 것은 '5W 2H'다. 즉, 다음과 같다.

Who: 누가 할 것인가? 누구를 위해 할 것인가? (고객은 누구인가?)

What: 무엇을 판매할 것인가?

When: 언제부터 시작할 것인가? 언제 판매할 것인가?

Where: 어디에서 할 것인가?

Why: 왜 그 비즈니스를 하려는 것인가?

How: 어떤 식으로 운영할 것인가?

How Much: 얼마의 가격에 판매할 것인가?

이 '5W 2H'를 따라 즐거운 마음으로 가슴을 설레면서 사업 계획을 세워보자.

나 자신도 제대로 된 '사업 계획' 따위는 써본 적이 없다. 직접 일을 기획하고 직접 실행하는 스타일이기 때문에 거창한 '사업 계획' 따위는 필요가 없다. 빚을 낼 일도 없고.

일반적으로 '사업 계획'은 상대편을 납득시키기 위한 자료다. 상대편을 납득시켜 자금을 출자해 주기를 기대하는 것이다. 하지만 우리는 돈을 들이지 않고 푸치 창업을 할 것이니까 '사업 계획'은 자기 자신이 이해할 수 있는 범위 안에서 작성하는 것으로 충분하다.

자, 당신도 사업 계획을 작성해 보자. 그림을 그리거나 색깔을 칠하는 식으로 즐거운 마음으로 작업할 수 있도록 연구해 보자. 즐겁게 느껴져야 질리지 않고 계속할 수 있다.

그렇게 하다 보면, 생각만 해도 가슴이 설레는, 어떻게 해서든 실행해 보고 싶은 사업 계획이 탄생한다.

그리고 그 사업을 실행하기 위해 움직이기 시작했을 때, 당신의 새로운 인생이 시작되고 당신의 운명은 바뀐다.

푸치 창업에서 중요한 점은 '일단 실행해 보는 것' 이다.

생각하는 것과 실행해 보는 것은 차원이 다르다. 실제로 실행해 보면 비즈니스의 즐거움을 몸으로 느낄 수 있다. 그렇게 되면 절반 은 성공이다.

당신이 비즈니스를 시작하는 경우, 처음에는 대부분 실패를 경험 한다.

그러나 엄밀하게 말해서 그것은 실패가 아니라 성공으로 가는 계 단을 한 걸음 내디딘 것이다. 단, 표면적으로는 실패로 보이는 상황 이 발생하고 당신은 실망을 느낄 것이다.

예를 들면, 이런 식이다.

"전단을 뿌려도 반응이 없다."

"일은 들어오지만 생각했던 것만큼 돈벌이가 되지 않는다."

"고객이 불평을 했다. 화를 냈다."

"대금이 회수되지 않는다."

"처음에는 반응이 좋았는데 얼마 지나지 않아 파리만 날리게 되었다."

"친구가 이런 일이나 한다면서 비웃었다."

사실 이런 실패나 어려움은 사업의 여신이 당신을 시험하는 것이다. 이런 어려움을 초월할 수 있어야 비로소 당신은 성공으로 향하는 열쇠를 손에 넣을 수 있다.

이런 실패를 맛보았을 때 당신이 어떤 반응을 보이는지, 사업의 여신은 놓치지 않고 지켜보고 있다. 약간의 실패로 포기해 버린다면 성공은 영원히 붙잡을 수 없다. 벼락부자는 꿈도 꿀 수 없다.

표면적인 실패에 부딪혔을 때, 우리는 보통 다음과 같이 생각한다.

"전단을 뿌려도 반응이 없다."→ "역시 이런 사업은 통하지 않아. 이제 그만두자."

"일은 들어오지만 생각했던 것만큼 돈벌이가 되지 않는다."→ "돈벌이가 안 된다면 집어치워야지."

"고객이 불평을 했다. 화를 냈다."→ "열심히 일하고 욕이나 먹다니. 당장 집어치우자."

"대금이 회수되지 않는다."→ "그래. 사업은 역시 힘들어. 대금이 순조롭게 회수되지 않는다면 계속 해봐야 의미가 없어. 그만두자."

"친구가 이런 일이나 한다면서 비웃었다."→ "창피하니까 이제 집어치우자."

그러나 이런 사고방식은 사업의 여신이 등을 돌리게 만드는 '불합격' 답안이다. 올바른 사고방식은 다음과 같다.

"전단을 뿌려도 반응이 없다."→ "왜 반응이 없을까? 어떻게 해야 반응이 있을까? 그래! 전단 내용을 바꾸어보자."

"일은 들어오지만 생각했던 것만큼 돈벌이가 되지 않는다."→ "어떻게 해야 이익을 올릴 수 있을까? 그래! 좀 더 짧은 시간에 일을 끝낼 수 있는 방법을 연구해 보자."

"고객이 불평을 했다. 화를 냈다."→ "화를 내는 것도 무리가 아냐. 내가 생각해도 일 처리에 문제가 있었어. 그래! 이번에는 좀 더 친절하고 성실하게 일을 처리해 보자."

"대금이 회수되지 않는다."→ "선불제로 해볼까?"

"친구가 이런 일이나 한다면서 비웃었다."→ "두고 보라지. 3년 후에는 내가 부러워서 못 견딜 걸. 3년 후에 나는 부자가 되어 있을 테니까."

이렇게 생각하고 수정을 하는 동안에 사업의 여신이 당신에게 미소를 지어 보이는 날이 찾아온다. 당신의 은행 구좌에 잔고가 점차 증가하는 날이 찾아온다.

사업은 하루하루가 실패의 연속이다. 그 실패에 정면으로 맞서

극복해야 한다. 그때마다 성공으로 한 걸음씩 더 다가가는 것이다. 그리고 마침내 당신은 이런 자신감을 얻게 된다.

"불황, 구조조정, 뭐든지 오라고 해! 어떤 상황이 발생하든 나는 최소한 한 달에 천만 원은 벌 수 있어. 나는 무슨 일을 하더라도 먹고살 자신이 있다고!"

이런 자신감, 이런 배짱이야말로 돈보다 소중한 당신의 진정한 재산이다.

자, 내 강의는 이것으로 끝이다. 이제부터는 실전이다. 이제부터가 진짜 싸움이다.

당신의 성공을 진심으로 기원한다.